선후천 변화의 질서를 밝히는
하도낙서와 삼역괘도

증산도 상생문화총서 05
선·후천 변화의 질서를 밝히는 **하도 낙서와 삼역괘도**

초판발행	2010년 08월 25일
2쇄	2012년 02월 22일
3쇄	2020년 02월 26일

발행인	안경전
지은이	윤창열
발행처	상생출판
주소	대전시 중구 선화서로 29번길 36(선화동)
전화	070) 8644-3156
팩스	0303-0799-1735
홈페이지	www.sangsaengbooks.co.kr
출판등록	2005년 3월 11일 (제175호)

ⓒ 2020 상생출판

이 책에 수록된 사진들은 저작권 허가를 받은 것으로 저작권법에 따라
무단전재와 무단복제를 금합니다.
저작권자를 찾지 못한 작품에 대해서는 저작권자가 확인되는 대로
절차에 따라 허가를 받고 저작권료를 지불하겠습니다.

ISBN   978-89-94295-09-1 04080
        978-89-957399-1-4 (세트)

값 8,500원

선후천 변화의 질서를 밝히는

하도낙서와 삼역괘도

● 윤창열 지음

서문

철학哲學의 철哲은 밝을 철 자이다. 철학이란 밝은 지혜로 진리를 꿰뚫어보는 학문이다. 진리란 무엇인가? 영원히 변치 않는 참된 이치일 것이다. 이 천지간에 영원히 변치 않는 이치가 있는가. 그것은 자연의 변화일 것이다. 자연은 질서있게 변화하는가, 아니면 무질서하게 변화하는가? 인종이 다르고 양의 동서가 다르지만 지구상에 살고 있는 모든 사람들은 질서있게 변화하고 있다고 똑같은 대답을 할 것이다. 그렇지만 자연의 섭리, 자연의 질서를 진정한 진리로 인식하고 인정하여 이를 연구하는 사람들은 많지가 않다. 자연의 질서는 진리의 틀이며, 그 질서를 창조하는 근원이 천지일월天地日月이다. 따라서 천지일월은 진리의 바탕이 된다. 주역에서는 변화의 근본 틀이 되는 천지일월의 정신을 건곤감리라고 하여 64괘의 체體로 삼고 있다. 천지와 일월이 시간과 공간 속에서 드러내는 질서는 음양오행으로 나타난다. 많은 사람들이 서양의 철학 속에는 인간의 지혜가 녹아 있는 보물처럼 여기고, 동양의 음양오행을 이야기하면 사주나 관상보는 사람들의 전유물이며 뭔가 시대에 뒤떨어진 사람들이 이야기하는 구닥다리 철학이라고 생각한다.

우주를 통치하시고 주재하시는 상제님께서는 천지일월의 틀로 우주를 주재하신다.

> ✽ **나는 천지일월이니라.** (도전 6:7:5)
> ✽ **나는 천지로 몸을 삼고 일월로 눈을 삼느니라.**
>   (도전 4:111:15)

천지는 체體가 되고 일월은 용用이 된다. 천지와 일월을 각각 묶어서 하나로 보면, 천지가 하나의 태극太極이 되고 일월이 하나의 태극이 되며, 하늘과 땅을 나누면 음양이 되고 해와 달도 나누면 음양이 된다. 일월이 천지 속에서 운행하면 춘하추동의 사계절이 생기고, 이는 오행의 원리로 나타난다. 이것이 태극이 우주의 본체가 되고 음양오행이 우주의 대용大用이 되는 소이연所以然이다. 상제님, 즉 하느님께서는 음양오행의 통치질서로 우주를 주재하고 계신 것이다. 음양오행은 낡은 동양의 철학이 아니라 우주 주재자의 통치율이 되는 것이다. 문명의 아버지 되시는 태호복희씨께서 하도河圖를 받아 자연섭리를 밝히고 팔괘八卦를 그려 변화의 상象을 밝혔으며, 우임금이 낙서洛書를 받아 홍범구주를 연역하고 태고시대부터 십천간과 십이지지로써 연월일시年月日時를 기록하고 하늘 땅의 변화질서를 밝혔는데, 모두 음양오행의 원리를 벗어나지 않는다.

이 글은 2008년 8월 15, 16일 증산도 교육문화회관에서 『우주변화의 원리』 집중교육 때 강의했던 것을 책자로 만든 것이다. 강의라는 것이 시간의 제약이 있고 청중들의 요구를 만족시켜야하기 때문에 체계적으로 글을 쓰는 것과는 거리가 있다. 따라서 내용 속에는 빠진 것도 많고 구어체를 문어체로 바꾸는 과정 속에서 나타나는 어색함도 많다. 그리고 저자의 부족함으로 인하여 명쾌하게 설명하지 못한 부분도 있고 더 상세히 설명을 해야 되는데 시간 때문에 간략하게 넘어간 곳도 많이 있다. 독자 여러분들의 너그러운 양해를 구한다.

음양오행은 자연의 질서를 밝힌 것으로 이를 제대로 알게 되면 미래의 세계를 예측할 수 있다. 자연질서의 틀 속에서 과거를 해석하고, 지금 우리가 어디에 살고 있으며 지금의 인류가 어디를 향해 가고 있는가 하는 거시적인 역사의 진행 과정도 명쾌하게 알 수 있는 것이다.

모든 인간의 마음속에는 건乾의 사덕四德인 원형이정元亨利貞이 인의예지仁義禮智의 성품으로 자리 잡고 있다. 수水가 오행의 근원이 되듯이, 밝은 지혜의 덕성을 발휘하여 진리의 세계를 꿰뚫어 천지일월이 인간을 낳아준 깊은 은혜를 인식하고 천리天理를 회복하여, 민족과 인류를 위하여 대인대의大仁大義한 삶을 살기를 간구한다. 이 책이 그러한 삶의 안내서가 되리라는 것을 믿어 의심치 않는다.

2010. 2. 20 저자 근지

목차

서문 ... 4

1부 하도와 낙서
'소가 하도 낙서를 지고 나오리라' ... 16
우주 1년 도표의 간략한 소개 ... 19
    순환하는 우주 ... 19
    네 마디로 이루어진 시간의 질서 ... 20
    129,600년으로 이루어진 우주 1년 ... 21
    선천과 후천 ... 22
    하추교역기에 인류구원을 위해 강세하신 증산 상제님 ... 23
    지축정립과 후천개벽 ... 24
    선천역사를 매듭짓고 후천역사를 개창하는 주체 민족인 한민족 ... 25
    동서철학의 결론, 우주 1년 도표의 의의 ... 26
시간과 공간의 질서가 압축되어 있는 하도와 낙서 ... 27
    음양오행 원리의 근원은 일월의 변화작용이다. ... 29
    왕성령旺聖靈의 의미 ... 30
하도 낙서의 유래 ... 31
    용마가 나온 장소에 대하여 ... 31
    용마의 등의 그림에 대하여 ... 35
    낙서의 유래 ... 37

하도를 용마가, 낙서를 거북이가 지고 나온 이유	40
왜 용마가 하도를 지고 나왔는가?	40
왜 거북이가 낙서를 지고 나왔는가?	42
하도 낙서가 물에서 나온 이유	44
하도 낙서가 수로 구성 되어 있는 이유	44
하도河圖는 '도圖', 낙서洛書는 '서書' 인 이유	45
하도 낙서는 삼신 상제님의 계시로 나온 것	48
하도 낙서에서 유래한 도서관	48
하도 낙서의 문서상의 역사성	49
하도와 낙서의 흰 동그라미와 검은 동그라미의 의미	50
하도의 생성수 배치 원리	52
1수水와 2화火	52
3목木과 4금金	54
토의 작용	56
하도에 나타난 음양	60
사상의 자리 수[四象之位數]	62
사상의 작용수	64
5・10과 사상수의 관계	64
물질로 본 하도의 원리	65

하도와 십간의 배합	69
하도 낙서의 차이점	70
하도 낙서의 정의	71
증산도의 진리책에서의 하도 낙서 정의	75
하도 낙서의 구별	77
금화교역이란?	78
금화교역 : 준비하는 것	79
하도 낙서의 선후천	84
선후천의 두 가지 개념	84
낙서 선천, 하도 후천의 이법적 근거	86
일원수	89
맞물려 돌아가는 상생과 상극	90
오행의 순서	92
만물창조의 순서- 수화목금토	93
오행기운의 변화 순서-목화토금수	94
오행 상극의 순서, 오운의 순서	94
행성의 순서, 납음오행의 순서	95
하도 낙서의 순환하는 상	96
하도 낙서에 들어 있는 천지일월 사체의 모습	98

이법이 심법에 우선한다 101

2부 팔괘
우주변화원리의 체용공부 112
음양오행과 수, 괘, 간지의 관계 113
괘卦의 의미 114
상象을 공부하는 과정 115
    수상數象 115
    괘상卦象 116
    물상物象 117
팔괘 공부의 중요성 117
팔괘의 유래에 대한 세 가지 설 120
    문왕팔괘의 팔간 125
    정역팔괘의 팔간 126
효爻의 의미 127
팔괘의 기본 원리 129
    건乾 129
    곤坤 130
    리離 133

감坎	133
진震 · 손巽	135
간艮 · 태兌	137
팔괘 공부 방법	138
팔괘 외우기	138
팔괘의 오행배합	142
팔괘의 성정性情	145
팔괘의 가족관계	146
팔괘의 인체 배속	148
팔괘의 동물 배합	151
팔괘에 들어있는 24절기, 36괘, 60갑자 원리	153

3부 삼역괘도

삼역괘도의 선후천	156
복희팔괘도의 구성	158
문왕팔괘도의 구성	161
정역팔괘도의 구성	165
삼역괘도 개설	168
복희팔괘도는 태극팔괘도	170

복희팔괘도와 우리의 국기 태극기	173
문왕팔괘도는 오행변화지도五行變化之道	176
문왕팔괘도에 담긴 비의	176
복희팔괘도는 문왕팔괘도를 향해 나아감	178
문왕팔괘도는 정역팔괘도를 지향함	180
복희팔괘도는 창조도	181
삼역괘도 상설	182
삼역괘도의 수지상	185
복희팔괘도의 수지상	186
문왕팔괘도의 수지상	188
정역팔괘도의 수지상	189
정역팔괘도는 금화교역도	192
정역팔괘도는 지축이 정립된 모습	194
정역팔괘도에 나타난 금화교역의 모습	195

에필로그   199

1부
하도河圖와 낙서洛書

하도河圖와 낙서洛書

'소가 하도 낙서를 지고 나오리라'

안녕하세요? 이 시간은 우주원리 집중교육 시간입니다. 이 시간을 통해 하도와 낙서에 대해서 전체적인 내용을 살펴보도록 하겠습니다.

『도전』 5편 308장을 펴주시기 바랍니다. 『도전』 5편 308장 10절, 11절입니다. 10절, 11절을 다 같이 한번 읽어보도록 하겠습니다.

10 또 말씀하시기를 "훔치는 소울음 훔 자이니라. 나는 소체니라. 장차 소가 나와서 좋은 세상을 만들 것이니라.
11 소가 하도 낙서河圖洛書를 지고 나오리라." 하시니라.

상제님께서 태을주의 머리에 해당하는 '훔치'에 대해 '훔치는 소 울음 훔 자이니라' 라고 정의를 내려주셨고, 또 "훔치는 천지부모를 부르는 소리니라. 송아지가 어미를 부르듯이 창생이 한울님을 부르는 소리니라"라고도 말씀을 해 주셨습니다.

상제님께서는 당신을 '나는 소체다' 라는 말씀도 하셨고, 또 '장차 소가 나와서 좋은 세상을 만들 것이라'고 하시어 상제님도 소인데 다시 소가 나와서 좋은 세상을 만들 것이라고 하셨으며, 다시 소가 하도 낙서를 지고 나온다고 하셨습니다.

'소가 하도 낙서를 지고 나오리라.' 이 말씀은 무슨 의미겠어요? 하도 낙서라는 것은 선천 문명의 뿌리가 됩니다. 따라서 소가 하도 낙서를 지고 나온다는 뜻은 **소로 상징되는 인물이 증산 상제님을 대행하여 후천 문명의 뿌리가 되는 진리를 최초로 세상에 편다는 의미**가 되겠습니다. 그러면 후천 문명의 뿌리는 무엇일까요? 그것은 바로 우주 1년 도표입니다. 이것이 후천 문명의 뿌리가 된다는 것입니다.

그러니까 선천문명은 태호복희씨가 하도 낙서를 가지고 나오면서부터 시작되었고, 후천 문명이라는 것은 안운산 태상종도사님께서 우주 1년 도표를 그려내심으로부터 열리게 되고, 그것이 후천 문명의 뿌리가 된다는 깊은 의미가 들어있습니다.

안운산 태상종도사님께서는, 1946년 병술년에 충남 아산군 배방면 남리 모산에서 상제님 진리를 바탕으로 후천 5만년 문명을 여는, 뿌리가 되는 우주 1년 도표를 처음으로 그리셨습니다. 따라서 하도 낙서라는 것은 선천 문명의 뿌리가 되고 우주 1년 도표는 후천 문명의 뿌리가 된다고 설명드릴 수 있습니다.

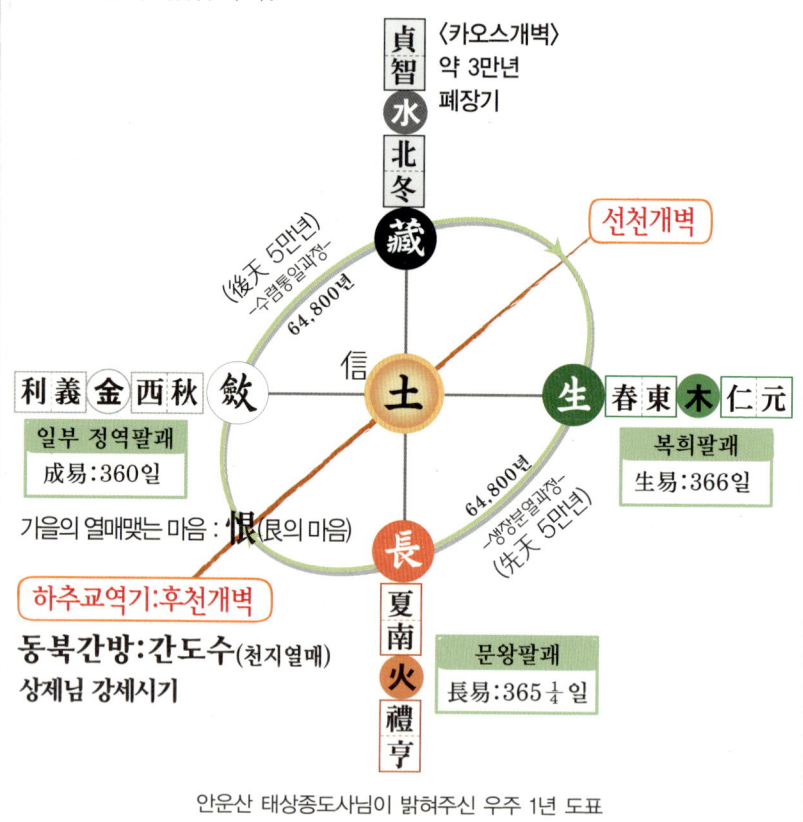

안운산 태상종도사님이 밝혀주신 우주 1년 도표

우주 1년 도표의 간략한 소개

그러면 이어서 우주 1년 도표에 대해서 간략한 소개를 하고 하도·낙서로 넘어가도록 하겠습니다.

순환하는 우주

첫째, 도표를 보면 위쪽, 북쪽에서부터 시작하여 오른쪽, 동쪽, 아래의 남쪽, 왼쪽의 서쪽을 거쳐 다시 위의 북쪽으로 둥그런 원이 그려져 있습니다. 이는 **우주만유가 시간과 공간 속에서 끊임없이 순환**하고 있음을 나타내고 있는데, 인간의 삶과 죽음, 인류의 역사를 주관하는 시간의 질서도 화살을 쏘아 놓은듯이 직선적으로 흐르는 것이 아니라 순환하고 있음을 나타내고 있습니다.

시간이 직선적으로 흐르는 것이 아니라 순환한다는 사실에 대한 인식은 진리의 틀을 인식하는데 대단히 중요한 내용입니다.

극미의 소립자의 세계를 보더라도 원자핵의 주위를 전자가 돌고 있고, 달이 지구의 주위를 돌고 있으며, 태양을 중심으로 행성들이 돌고 있으며, 우리의 태양계는 또 다른 중심을 안고 25,920년의 주기로 돌고 있는 것입니다.

그리고 여기에서 한발 더 나아가 사고의 폭을 넓혀보면, 인류의 문명 자체도 자연 질서의 틀 속에서 순환하면서 성쇠하고 있다는 놀라운 사실입니다.

네 마디로 이루어진 시간의 질서

다음으로 도표를 살펴보면 열 십十 자의 밖에 동남서북, 춘하추동, 생장염장이 오행을 나타내는 목화금수의 안에 자리 잡고, 목화금수 밖에는 원형이정과 인예의지가 쓰여져 있습니다. 그리고 중앙에 토土라는 글자와 신信이라는 글자가 쓰여져 있습니다.

이것은 무엇을 의미하는 것일까요?

우주의 통치자이신 증산 상제님께서는 순환으로써 우주를 주재하고 계십니다. 일심으로써 영원을 지향하고 계신 것입니다. 그리고 그 **하나님의 한마음은 구체적으로 넷으로 나타나기 때문입니다.**

혹자는 이렇게 질문합니다. 춘하추동의 계절이 순환하는 것은 단순한 자연의 질서가 아닙니까? 그렇습니다. 원시 유교가 쇠퇴한 이후, 공자 이후로 유학자들은 자연의 질서 속에서 하나님의 의지를 배제해 왔습니다. 전한前漢 무제武帝 때의 동중서董仲舒는 "도지대원道之大原이 출어천出於天이라"고 하여 질서의 근원을 자연천自然天이라고 하였습니다.

그렇지만 『환단고기』에서는 "**도지대원**道之大原이 **출어삼신**

야出於三神也라" 하여 **자연질서의 주재자가 삼신 상제님**이라고 분명하게 밝히고 있습니다.

주역의 건괘乾卦 괘사를 보면 "건乾은 원元코 형亨코 이利코 정貞하니라"고 하였습니다. 여기서 건을 단순히 하늘이라고 해석하고 원형이정을 하늘의 덕성德性이라고만 해석한다면 도의 세계에 들어갈 수가 없습니다. 여기서 **건은 상제님의 마음이고 원형이정은 넷으로 드러나는 하나님의 덕성**입니다. 하나님의 덕성이 원형이정의 넷으로 구성되어 있기 때문에, 이것이 인간의 마음속에서는 인예의지로써 자리잡고, 춘하추동의 사계절의 변화가 나타나는 것이며, 계절에 따라 만물이 영고성쇠榮枯盛衰하는 생장염장의 변화법칙이 나타나게 되는 것입니다.

129,600년으로 이루어진 우주 1년

129,600년이라는 숫자는 인간과 지구와 우주의 기본 상수입니다. 인간이 하루에 뛰는 기맥과 혈맥의 숫자는 몇 번일까요? 129,600회입니다. 사람은 1분에 18번 숨을 쉽니다. 1시간 동안에는 18회×60분=1,080회 숨을 쉬고, 하루에는 1,080회×24시간=25,920회의 숨을 쉬는데, 우연하게도 태양계가 중심을 안고 한번 순환하는 주기와 일치합니다.

맥박은 1분에 평균 72회를 박동하므로 1시간 동안에는 72회×60분=4,320회를 뛰고, 하루에는 4,320회×24시간=103,680회 박동합니다. 하루 동안 숨쉬는 횟수와 하루 동안 맥박이 뛰는 기맥과 혈맥의 합수는 25,920회+103,680회=129,600번이 됩니다.

지구는 하루에 360도 자전을 하면서 낮과 밤을 만들어 냅니다. 그리고 1년 360일 반복을 하면 총 360도×360일=129,600도가 됩니다. 따라서 하나님께서 주재하시는 인간의 문명의 역사도 129,600년으로 구성되는데, 송나라 때의 소강절은 원회운세론元會運世論을 통해 이를 자세하게 밝힌 바 있습니다.

선천과 후천

지구의 1년이 봄·여름·가을·겨울로 이루어져 있듯이 우주의 1년도 봄·여름·가을과 겨울의 빙하기로 이루어집니다.

봄에 만물이 소생하고 여름에 자라고 가을에 결실하고 겨울에 휴식하듯, 인류의 문명은 봄에 선천개벽과 더불어 시작되어 여름까지 성장하고 후천개벽과 더불어 한 번 정리가 된 뒤, 가을을 맞이하고 겨울의 폐장기로 들어갑니다.

봄·여름·가을·겨울은 봄·여름의 양의 시간대와 가을·겨울의 음의 시간대로 크게 나누어지는데, 양의 시간대를 선천이라 하고 음의 시간대를 후천이라 합니다. **선천시대에 인류의 문명은 생장분열하고 후천시대에 인류의 문명은 수렴통일합니다.**

우주 1년에서 선·후천을 각각 64,800년이라 한 것은 "자연"의 선·후천을 말한 것이고, 다시 선천 5만년 후천 5만년이라 한 것은 문명의 선후천을 말한 것입니다. 하나님의 자식으로서 인간이 지상에 문명을 꽃피우는 시간은 선후천 도합 10만년으로, 이는 하나님의 상수 10무극수와 합치되며, 나머지 약 3만년은 카오스개벽 기간으로 새로운 선천개벽을 준비하는 휴식기가 됩니다.

하추교역기에 인류구원을 위해 강세하신 증산 상제님

이 지구상에는 약 70억의 인류가 살고 있다고 합니다. 지금 인류는 우주 1년 중 어디에 살고 있을까요? **지금 인류는 선천 5만년을 매듭짓고 후천 5만년의 새 문명의 틀이 열리는 우주적인 대 전환기에 처해 있습니다.**

그렇지만 이를 제대로 알고 있는 사람들은 많지 않습니다. 공자, 석가, 예수를 내보내신 증산 상제님께서는, 이때에 인류를 구원하시기 위하여 140년 전에 이 땅에 오시어 구원의 법방을 우리들에게 전해 주시고 가셨습니다.

목화금수는 편벽된 기운입니다. 그리고 여름·가을이 바뀔 때는 화극금의 원리에 의해 대개벽이 일어나므로 반드시 조화자리인 토土의 매개를 거쳐 화생토火生土, 토생금土生金의 상생을 통해 후천의 가을세상으로 나아갈 수가 있습니다.

후천개벽은 모든 인류의 영원한 삶과 영원한 죽음을 결정짓는 분기점입니다. 구원의 첫 단계는 바로 증산 상제님과의 만남입니다. 증산 상제님께서는 1871년 신미辛未년에 이 땅에 오셨습니다. 미未는 십토十土로서 하나님의 생명을 상징하고 신辛은 오행의 금金으로서 가을을 상징합니다. 지금 인류 앞에는 꿈의 5만 년의 세계가 펼쳐져 있는 것입니다.

지축정립과 후천개벽

선천과 후천의 자연환경에서의 근본적인 차이점은 지축의 경사와 정립입니다. 선천개벽과 더불어 지축이 경사되었고, 이것이 선천 5만 년의 상극의 기운을 몰고 오는 장본이 되었습니다. 태모님께서는 "**구천지**舊天地 **상극**相克 **신천지**新天地 **상생**相生"이라고 명료하게 말씀해 주셨는데, 선천 상극 도수에 의해 인류의 역사는 전쟁과 투쟁의 역사가 진행되었고, 인간의 가슴속에는 한恨이 맺히게 되었습니다. 그리고 이 한이 유전되고 눈덩이처럼 불어나서 지금의 지구촌의 참담한 현실을 만들어 내었던 것입니다. 그렇지만 이것은 후천 가을세상을 위한 준비기간이었던 것입니다.

인류는 이제 복희팔괘의 원리가 지배하던 우주의 봄·생역生易 366일 시대와 문왕팔괘의 원리가 지배하던 우주의 여름·장역長易 365 1/4일 시대를 지나, **지축이 정립되면서 열리는 일부一夫의 정역팔괘의 원리가 지배하는 우주의 가을·성역成易360일 시대**를 맞이하게 될 것입니다. 상생과 조화의 신천지가 안전眼前에 전개될 것입니다.

선천역사를 매듭짓고 후천역사를 개창하는 주체 민족인 한민족

공자는 『주역』「설괘전」에서 "성언호간成言乎艮이라" 하여 간도수艮度數의 섭리를 밝혔습니다. 간은 문왕팔괘에서 동북방에 위치하는데, 시간으로는 새벽이고 절기로는 입춘이 되어 이전의 과정을 매듭짓고 새로운 과정을 창조하는 중핵 자리입니다.

지구적으로 볼 때 한반도는 동북 간방에 위치합니다. 따라서 한반도에 살고 있는 **우리 한민족은, 선천 5만년의 역사를 매듭짓고 후천 개벽기에 인류를 구원하여 후천 5만년의 새**

역사를 시작하는 주체 민족이 됩니다. 우리 한韓민족은 한恨민족이었습니다. 한恨을 파자하면 마음 심心과 간艮으로, 간艮의 마음을 가지고 있는 민족이란 뜻입니다. 간艮의 마음이란 무슨 뜻일까요? 가을의 열매 맺는 마음이란 뜻입니다.

동서철학의 결론, 우주 1년 도표의 의의

이상으로 안운산 태상종도사님께서 그리신 우주 1년 도표 내용을 간략히 말씀드렸습니다. 이 **우주 1년 도표는 선천 역사의 결론이며, 후천 5만년의 새 진리입니다.** 이 도표는 동서의 종교가, 철학자 그 누구도 이야기 한 적이 없습니다. 이 도표는 인류 역사의 결론입니다.

첫째, 이 도표 속에는 **모든 종교와 예언의 해답이 들어 있습니다.** 예수가 이야기한 천국, 석가모니 부처가 이야기 한 미륵부처님의 용화세계, 공자가 이야기한 대동의 세계는 모두 우주의 가을세상을 이야기한 것입니다. 그들은 비록 변혁의 상황과 신천지新天地의 도래를 이야기하였지만 그 원인은 누구도 이야기하지 못했는데, 그 해답이 우주 1년 도표 속에 들어 있습니다. 또 예수가 이야기한 심판, 예언가들이 이야기한 전쟁과 질병의 환란은 후천개벽기의 상황을 이야기 한 것입니다.

둘째, 이 도표 속에는 **인류 역사의 과거와 현재 그리고 미래가 들어 있습니다.** 거시적인 시간의 틀 속에서 인류의 문명도 자연 질서의 영향 속에서 탄생하고, 성장하고, 성숙하고, 휴식한다는 것을 최초로 밝히고 있습니다.

셋째, 우주변화의 틀 속에서 **인간 존재의 본질과 인간 삶의 궁극의 목표를 제시**하고 있습니다. 인간이란 무엇인가? 인간은 어떻게 살아야 하는가? 인간 삶의 궁극의 목표는 무엇인가에 대해 인류는 끊임없이 의문을 던져 왔습니다. 그렇지만 명쾌하면서도 보편적인 대답을 얻지 못했습니다.

우리는 이 도표를 통해 이 모든 것의 해답을 얻을 수가 있습니다. 이 문제만은 여러분들께서 스스로 해답을 찾으시기 바랍니다.

시간과 공간의 질서가 압축되어 있는 하도와 낙서

『도전』 2편 143장을 펴주시기 바랍니다. 한문도 읽고, 번역도 같이 읽어보겠습니다.

龜馬一圖今山河여 幾千年間幾萬里로다
귀마일도금산하   기천년간기만리
胞運胎運養世界하니 帶道日月旺聖靈이로다
포운태운양세계   대도일월왕성령

하도와 낙서의 판도로 벌어진 오늘의 산하
수천 년 동안 수만 리에 펼쳐져 있구나.
가을개벽의 운수 포태하여 세계를 길러 왔나니
변화의 도道를 그려 가는 일월이 성령을 왕성케 하는구나.

시간과 공간, 이것은 하도와 낙서의 원리에 의해서 펼쳐져 있는 것입니다. '귀마일도금산하여 기천년간기만리로다'에서 '기천년'이라는 것은 시간을 얘기하고 있고, '기만리'라는 것은 공간을 얘기하고 있습니다. **전 우주의 시간과 공간 속에 하도 낙서의 원리가 충만되어 있다는 의미입니다.** 시간에도 하도와 낙서의 원리가 들어있고, 공간에도 하도와 낙서의 원리가 작용을 하고 있습니다.

또 '포운태운양세계', 가을 개벽의 운수를 포태하여 세계

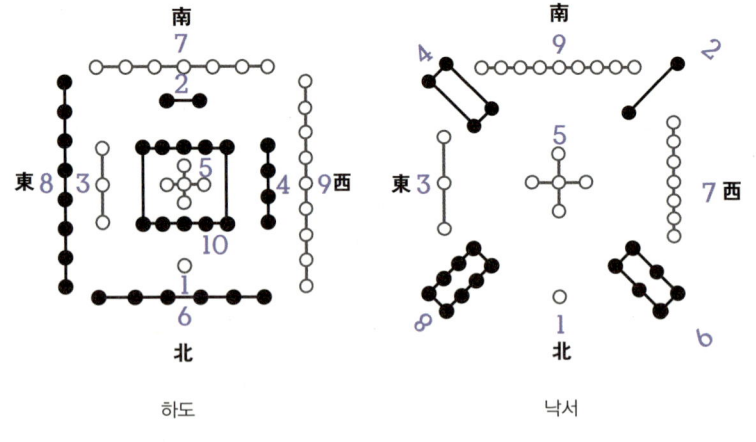

하도   낙서

를 길러왔다는 것은, 이 하도 낙서가 선천의 시간대 속에서 후천의 운수를 포태하고서 이 세상을 길러왔다는 것입니다. 그러니까 이 세상을 길러 온 우주 질서가 무엇이냐? 이 세상이 변화하는 근본법칙이 뭐냐? 바탕이 되는 원리가 무엇이냐 하면, 그것이 **하도 낙서에 들어 있는 음양오행의 원리**라는 것입니다.

그런데 마지막에 '대도일월왕성령'이라는 말이 있는데, 대도일월이라는 것은 띨 대帶 자, 길 도道 자예요. 변화의 길을 띠고 있다. 변화의 도를 그려간다는 의미이고, 그려가는 주체는 일월이 되며, 그 일월이 성령을 충만하게 하고 있다는 것입니다.

음양오행 원리의 근원은 일월의 변화작용이다

그렇다면 하도 낙서의 음양오행의 법칙이 나오는 근원은 어디인가? 해와 달의 운행 속에서 음양오행의 원리가 나오게 되는 것입니다. '음양오행 원리가 어디에서 나왔는가?'라고 질문을 하면, '음양오행 원리라는 것이 하도와 낙서에서 나온 것이 아닙니까?' 라고 대답을 하시겠지만, 그러한 원리가 작용하도록 틀을 만든 것은 천지이며, 천지의 대행자인 일월의 변화작용 속에서 음양오행원리가 나오게 되었다는 것입니다.

하도 낙서라는 것은 자연의 질서, 대우주의 변화 원리를 압축된 수數로 표현해 놓은 것이고, 그러한 하도 낙서의 원리, 음양오행의 원리가 나오게 된 근원은 일월의 변화가 주체가 되어서 음양의 질서를 만들어 내고, 또한 오행의 질서를 만들어 내었다는 것입니다.

『우주변화의 원리』 책에서도 그것이 설명이 되어 있습니다. 오행 상생을 설명하는 부분을 보면 도대체 음양오행 원리가 어디에서 유래하느냐. 그것은 해와 달이 운행하는 과정 속에서 나오게 된다고 기술되어 있습니다.

상제님께서 '"**욕지음양지리**欲知陰陽之理면 **관호일월**觀乎日月이니라." 음양의 이치를 알고자 할진댄 해와 달의 변화 질서를 볼 것이니라' 는 말씀을 해주셨습니다. 해와 달의 변화를 잘 관찰하면 음양의 원리에 대해서 큰 깨달음을 얻을 수가 있다는 말씀입니다.

왕성령旺聖靈의 의미

여기서 왕성령旺聖靈은 성령을 왕성하게 한다는 뜻인데, 성령이라는 것은 천지 부모님의 성령을 의미합니다. 천지 부모님의 성령을 왕성하게 한다는 뜻인데, 일월이라는 것은 천지를 드러내는 자리가 된다는 의미가 있습니다. **일월이 천지의 성령을 왕성하게 한다는 것은 일월의 운동변화가 천지를 대행해서 작용하고 있다는** 의미가 있습니다. 이를 쉽게 설명드리면 천지는 체體가 되고 일월은 용用이 된다는 의미입니다.

하도 낙서라는 것은 춘하추동으로 순환하면서 생장염장하는 자연의 변화질서, 다시 말해 시간과 공간의 법칙을 한 장의 그림으로 그려 놓은 것입니다.

그리고 인류의 문명은 하도와 낙서에 뿌리를 두고서 발전되어 왔는데, 하도 낙서는 서양까지 전파되었습니다. 그래서 인류문명이라는 것은 동양과 서양 모두가 하도 낙서라는 그림에 근원을 두고서 발전되어 온 것입니다.

하도 낙서의 유래

용마가 나온 장소에 대하여

하도 낙서의 유래에 대해서 살펴보겠습니다. 하도라는 것은 용마龍馬가 하수河水에서 등에 지고 나왔다고 합니다. 용마가 등에 무엇인가를 지고 나왔는데, 5천 5백 년 전에 태호 복희씨가 하수에서 용마가 지고 나온 상象을 보고서 하도를 그렸다고 합니다. 그런데 중국 사람들은 용마가 나온 하수河水를 황하라고 이야기를 하고 있습니다.

중국 하남성 맹진현孟津縣에 가면 용마부도사龍馬負圖寺라는 거대한 궁궐같은 건물이 있는데, 용마가 하도를 지고 나온 장소라고 하여 기념 건축물을 만들어 놓은 것입니다. 여러 분들도 한번 시간이 된다면 가서 볼 필요가 있습니다.

맹진현의 용마부도사에 있는 용마상

용마부도사에 있는 복희상과 28수

입구에 들어가면 용마상이 먼저 보이고, 더 들어가면 하늘의 28수도를 그려놓고, 벽에다 『주역』 원문도 다 새겨 놓고, 규모가 굉장히 큽니다. 그 자리가 바로 용마가 황하에서 그림을 지고 나온 곳이고, 또한 복희씨가 용마의 등에 있는 무늬를 보고서 하도를 그린 장소라는 것입니다.

그런데 『환단고기』를 보면, 태호 복희씨께서 꿈을

꾸었는데 꿈속에 삼신 상제님께서 강림을 하셨고, 그러고 나서 세상만사의 이치를 통달했다고 되어 있습니다. 일몽日夢 삼신三神이 강령우신降靈于身하여, 즉 어느 날 꿈을 꾸었는데 삼신 상제님께서 태호 복희씨의 몸에 성령으로 강림하셔서 만리통철萬理洞徹이라, 세상의 모든 이치를 깨닫게 되었습니다. 그래서 삼신 상제님께 보은의 치성을 드리기 위해서 삼신산에 올라가서 천제를 드렸는데, 삼신산은 바로 백두산입니다.

그리고 내려오시다가 득괘도어천하得卦圖於天河라, 괘卦와 도圖, 즉 괘도를 천하天河에서 얻었다고 하였습니다. 그렇다면 천하라는 곳은 황하가 될 수가 없습니다. 백두산에서는 압록강, 두만강, 송화강의 세 개의 강이 발원합니다. 그렇다면 『환단고기』의 내용은 송화강가에서 복희씨가 용마가 지고

용마부도사 64괘 전문

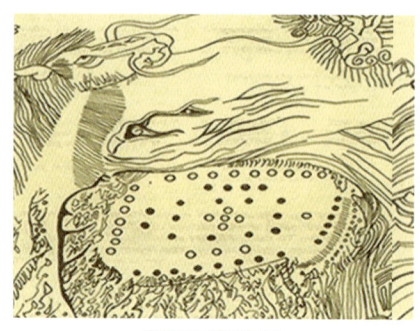
용마하도龍馬河圖

나온 그림을 보고서 하도河圖를 그린 것이 됩니다.

그렇다면 용마龍馬가 하도를 황하에서 지고 나왔다고 봐야 되느냐, 아니면 송화강에서 지고 나왔다고 봐야 되느냐? 우리는 한국 사람이니까 무조건 백두산에서 발원한 송화강이라고 생각할 텐데, 이치 없이 이렇게 생각하면 안 됩니다. 이치를 가지고 주장을 해야 합니다. 우주변화원리 공부라는 것은 암기하는 시간이 아니고 이치를 공부하는 것이니까 무엇이 옳은지를 이성적으로 따지고 판단해야 합니다.

저는 송화강에서 나온 것이 옳다고 봅니다. 첫째 이유는 자연의 태양이 동쪽에서 떠오르듯 문명의 태양도 동방에서부터 시작합니다. 황하하고 송화강하고 어디가 더 동쪽입니까? 송화강이 훨씬 동쪽이거든요. 문명의 시작이라는 것은 "빛은 동방으로부터"라는 말이 있듯이 빛이라는 것이 문명인데, 이 문명의 시작이 중원의 중심지인 황하에서부터 시작되었는가, 아니면 동방에서부터 시작되었는가? 저는 동방이라고 보고 싶습니다. 1980년대 이후 중국의 요령성, 내몽골 자치구 등에서 황하문명보다도 2~3천 년이 앞선 홍산문화 유적이 발굴되어, 문명이 동방에서 시작되었음이 고고학적으로 증명되고 있습니다.

둘째는 이런 위대한 원리가 흙탕물에서 나왔겠어요, 아니면 맑은 물에서 나왔겠어요? 황하라는 것이 흙탕물 아닙니까? 그러니까 하도가 황하에서 나왔다고 보기에는 어려운 점이 있습니다. 이처럼 이치를 따져서 생각을 해야지 『환단고기』에 있으면 무조건 믿고, 중국 사람이 주장하면 무조건 믿지 않고 하는 것은 옳지가 않습니다. 이치를 생각해서 어떤 것이 옳으냐 하는 것을 따져 보아야 하고, 이런 것으로 놓고 볼 때, 백두산에서 근원하여 흐르는 송화강에서 나왔다고 보는 것이 더욱 합리적일 듯 합니다.

용마 등의 그림에 대하여

그러면 용마가 지금의 하도와 같은 그림을 지고 나왔느냐? 아니면 그냥 나왔는데 용마 등의 무늬가 하도의 모습처럼 그렇게 생겼

용마부도사의 또 다른 용마상

느냐? 그림을 지고 나온 것이 아니고 용마 등의 모습을 보고 하도를 그렸다고 생각됩니다. 사람의 머리에 보면 가마라는 것이 있어요. 가마라는 것은 머리털이 동글동글하게 뭉쳐 있는 곳입니다. 이것을 돌 선旋 자를 써서 선모旋毛라고 얘기합니다.

용마가 하수에서 나왔는데, 용마의 등에 선모가 우리 머리의 가마처럼 동글동글한 것이 55점이 무늬를 이루고 있었던 것입니다.

그런데 이 선모, 즉 동글동글 가마처럼 생긴 선모가 꼬리 쪽에는 하나와 여섯 개가 있었어요. 그리고 꼬리의 반대쪽 갈기, 갈기는 말의 뒷목에 난 털을 말하는데, 그 갈기 쪽에 두 개와 일곱 개가 있었어요. 꼬리에서 갈기 쪽을 보면서 왼쪽에 세 개와 여덟 개의 선모가 있었고, 오른쪽에 네 개와 아홉 개의 선모가 있었고, 가운데에 다섯 개와 열 개의 선모가 있었습니다.

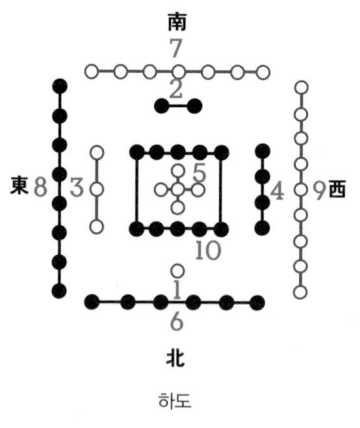

하도

이것을 동서남북으로 나누어보면 꼬리 쪽이 북쪽이 되고, 머리 쪽이 남쪽이 되며,

꼬리에서 머리를 보면서, 즉 북쪽에서 남쪽을 보면서 왼쪽이 동쪽이 되고, 오른쪽이 서쪽이 됩니다. 중앙이야 모르는 사람이 없겠지요. 이렇게 해서 하도라는 것이 그려지게 되는 것입니다.

낙서의 유래

낙서의 유래를 살펴보면 복희씨 때 나왔다, 또는 황제 때 나왔다 등의 여러 설이 있지만, 일반적으로 우임금이 치산치수를 할 당시에 나온 것으로 보고 있습니다.

신귀낙서神龜洛書

우임금 시대에 홍수가 졌어요. 그래서 우禹임금이 치산치수를 했습니다.

여기서 잠깐 화제를 돌려보면, 그 홍수가 왜 발생되었는지는 알고 있죠? 그 홍수라는 것은 요堯라는 사

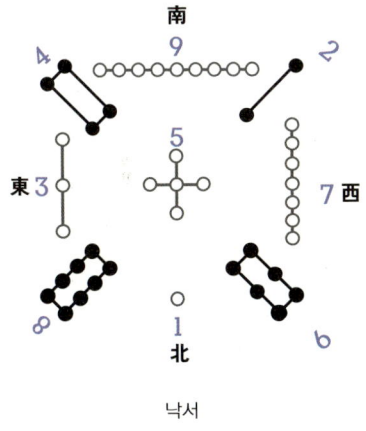

낙서

현호하의 영귀석

현호하의 귀탄

영귀가 낙서를 지고 나왔다는 전설이 있는 귀와龜窩

람이 원래 천자가 아니라 당唐이라는 곳의 제후였습니다. 그런데 요가, 자기의 형님인 지擊라는 사람이 당시에 9년 동안 임금으로 있었는데, 제후로서 반란을 일으켜서 그 지라는 임금을 몰아내고 자기가 천자가 됩니다.

그때 수많은 사람을 죽여요. 그래서 창생들이 원한을 품어가지고 9년 홍수가 일어나게 돼요. 그때 요堯가 우禹의 아버지인 곤鯀에게 치산치수를 하게 해요. 산과 물을 다스리게 합니다. 그런데 우임금의 아버지인 곤鯀이 실패를 합니다. 우임금의 아버지인 곤鯀은 자꾸 물을 막았어요. 막는 방법으로 다스리다보니까 실패를 했습니다. 그런데 우禹라는 사람은 물을 전부 우리 서해바다 쪽으로 뽑아내는 방법을 씁니다.

그래서 물을 다스리는데 성공을 하게 되고 하나라의 창업군주가 됩니다.

그때 낙수洛水에서 거북이가 한 마리가 나오게 됩니다. 낙수는 하남성 낙양시의 남쪽을 흘러 황하로 유입되는 강입니다. 이 낙수의 중간에 낙녕현洛寧縣이라는 곳이 있는데, 낙녕현洛寧縣 장수향長水鄕에서 거북이가 그림을 지고 나왔다고 합니다. 중국 사람들이 고증을 해놓은 정확한 장소는 장수향에 있는 현호하玄扈河와 낙하洛河가 서로 만나는 곳이라고 합니다.

청나라 옹정2년(1724년) 심육沈育이 세운 낙출서처洛出書處 비석

거북이가 그림을 지고 나왔다고 했지만, 역시 그것도 그림을 지고 나온 것이 아니라 거북이 등의 모습이 낙서의 모습으로 되어 있었으리라고 봅니다. 우임금이 거북이 등의 무늬를 보고서 낙서를 그리게 되었던 것입니다.

하도를 용마가, 낙서를 거북이가 지고 나온 이유

왜 용마가 하도를 지고 나왔는가?

우주변화원리 공부는 이치를 탐구하는 것이기 때문에 너무너무 재미가 있습니다. 그냥 외우면 아무 재미가 없습니다. 이치를 한번 생각해 보자 이거예요. 그러면 하도는 왜 말이 지고 나왔느냐 하는 것이고, 낙서는 왜 거북이가 지고 나왔느냐 이거예요. 이걸 한번 살펴보도록 하겠습니다.

용마에 대해 옥재호씨玉齋胡氏는 『주례周禮』에서 8척 이상 되는 말을 용龍이라고 한다는 데 근거해서 일반 말보다 특이하게 큰 말을 용마龍馬라고 한다고 해석하였습니다. 지금

감숙성 천수시 괘대산 복희묘에 있는 뿔이 솟고 날개와 비늘이 달린 용마상

의 길이 단위로 보더라도 1척이 30㎝ 정도가 되니 8척이면 2m 40㎝ 이상 되는 큰 말이라고 볼 수 있습니다.

그런데 저는 그건 옳지 않다고 생각합니다. 왜 용마냐? 제가 중국에 있는 복희씨의 유적을 거의 다 돌아봤는데요. 가서 보면 거의 모든 입구에 첫 번째로 용마의 상을 세워 놓았습니다. 그런데 용마를 보면 전부 비늘이 있어요. 말은 말인데 비늘이 있어요. 물속에서 나와서 비늘이 달려 있고 그래서 용마라고 했다, 저는 그렇게 생각이 듭니다.

그런데 지금 대부분의 사람들은 머리는 용龍이고, 머리 이하는 말로 되어 있기 때문에 용마라고 부른다고 하는데, 그러면 그것이 괴물이 되지 말이 될 수 없습니다. 그래서 저는 용마라는 것은 말은 말인데 물속에서 나왔기 때문에 비늘이 달린 말이지, 지상에 있는 말이 아니라는 생각이 듭니다. 물속에도 수중세계가 있잖아요? 물속에 있던 말이예요. 그런데 물속에 살기 때문에 비늘이 있었던 것 같아요. 그래서 용마라고 했다는 생각이 듭니다.

말이라는 것은 화火를 상징하고 있어요. 말은 지지地支에서 오午에 속하고 숫자를 배합하면 7이 됩니다. 그러니까 **용마라는 것은 물에다 뿌리를 두고서 불로써 작용하는 모습**을 나타내는 거예요. 우리가 『도전』을 볼 때, 또 상제님의 진리를 공부할 때 우주원리가 수水를 체體로 하고 화火를 용用으로 하고서 전개된다는 것을 잘 알 수 있습니다.

　용마가 물에서 나왔다는 것도 물을 체로 하고, 불이 지고 나왔다. 이런 뜻이 들어있는 거예요. 그리고 말이라는 것은 우리가 잘 알다시피 7화를 상징하고 있어요. 그런데 하도라는 것은 10무극의 진리가 담겨져 있어요. 물이라는 것은 1태극수예요. 그러면 하도라는 것은 **태극인 물을 체體로 하고 황극인 7이 용用이 되어 10무극의 완전한 진리를 지고 나온 것**이 됩니다.

　황극이 태극을 체體로 해서 무극의 진리를 지고 나온 것입니다. 지금 하도에는 10수가 들어있기 때문에 무극의 진리라는 개념이 들어가 있습니다.

왜 거북이가 낙서를 지고 나왔는가?

거북이

　그러면 낙서는 왜 거북이가 지고 나왔을까요? 그럼 거북이에 대해서 연구해보겠습니다. 거북이라는 것은 오행에서 뭐에 속합니까? 금金에 속하는 거예요. 동물을 배합할 때 목화토금수에 모우나개린毛羽裸介鱗을 배합합니다. 털 달린 짐승은 목木에 속해요. 개, 고양이,

> 木 火 土 金 水
> 毛 羽 裸 介 鱗

돼지, 말, 호랑이 이런 것은 전부 모충에 속해요. 들짐승이죠. 깃털을 가진 새, 하늘을 나는 새는 화火에 속해요. 그래서 하늘을 잘 날아다녀요.

사람처럼 이렇게 털이 없는 짐승을 나충이라 그래요. 이건 토土에 속해요. 그 다음에 물고기처럼 비늘달린 것은 수水에 속하고, 개충이라는 것은 딱딱한 껍질을 가지고 있는 거북이라든가, 자라라든가, 가재라든가 이런 동물로 금金에 속합니다.

여러분들이 잘 알다시피 낙서는 4·9금과 2·7화가 **교역交易이 되어 있어 금화가 교역된 모습**을 나타내고 있습니다. 금화가 교역되었다는 것은 금金이 바깥에서 화火를 싸고 있는 모습이예요. 그러니까 바깥에 금이 있어요. 금은 딱딱한 거예요. 거북이는 등껍질도 딱딱하고, 배껍질도 딱딱해요. 그 이상 딱딱한 동물이 없잖아요.

즉, 낙서에는 금화교역의 이치가 들어있고, 따라서 금화교역을 상징하는 동물인 거북이가 낙서를 지고 나오는 것이 이치에 합당한 것이 됩니다. 그래서 낙서는 우주 원리적

으로 거북이가 지고 나와야 되는 것입니다.

하도 낙서가 물에서 나온 이유

자~ 그러면 모두 왜 물에서 나왔느냐 이거예요. 하도도 왜 물에서 나오고, 낙서도 왜 물에서 나왔느냐? 물이라는 것은 창조의 본체이며, 생명의 근원이며 진리의 원뿌리가 되는 겁니다. 그래서 만물 생명의 근본이며, 근원이 되는 물 속에서 하도 낙서 같은 근원이 되는 진리가 나오는 것은 이치적으로 당연한 것입니다.

그리고 물이라는 것은 맑고, 투명하면서, 물에는 영성이 있어요. 물이라는 것은 정신을 가지고 있어요. 그러기 때문에 이런 하도와 낙서와 같은 신령스런 물건이, 영적인 기능을 가지고 있는 물속에서 나온 것은 또한 당연한 것이라고 얘기할 수 있습니다. 근본 되는 본체에서 근본 되는 진리가 나오는 것입니다.

하도 낙서가 수로 구성 되어 있는 이유

왜 하도 낙서가 전부 수로 되어 있을까요? 이것은 여러분들이, 진리를 대변하고 상象을 대변하는 가장 기본이 되는 것이 숫자라는 것을 이해해야 됩니다.

그래서 수를 얘기할 때 이수理數, 상수象數라는 표현을 쓰는데, 어려운 표현을 써보면 천지만물이라는 것이 **유물즉유리**有物則有理하고, 만물이 있으면 이치가 있어요. 그 다음에 **유리즉유상**有理則有象하고, 이치가 있으면 그 이치를 드러내는 조짐과 징조가 있어요. 상은 조짐과 징조라고 합니다. 유상즉유수有象則有數라, 상象이 있으면 반드시 수數가 동반된다. 그래서 수數라는 것은 상象을 대변하고 있기 때문에 상수象數라고도 얘기해요.

이 숫자라는 것은 이치를 담고 있기 때문에 이수理數라고도 얘기해요. 또 이치의 뜻으로 법칙을 담고 있기 때문에 법수法數라고도 얘기하는 거예요. 숫자라는 것은 상象을 담고 있고, 이치를 담고 있고, 법칙을 담고 있기 때문에 우리가 상수다, 이수다, 법수다라는 표현을 쓰는데, 이처럼 수數라는 것은 법칙과 상을 담고 있기 때문에 숫자로 하도 낙서가 구성이 되어 있는 것입니다.

하도河圖는 '도圖', 낙서洛書는 '서書' 인 이유

그러면 왜 하도는 도圖라고 얘기하고, 낙서는 서書라고 얘기하는가? 하도에는 그림 도圖 자를 썼어요. 낙서에는 글 서書 자를 썼어요. 원나라 때 임천오씨臨川吳氏는, 하도는 용마의 등에 있는 선모旋毛가 동글동글한 것이 성상星象 즉, 별의 모습과 같기 때문에 하도라고 얘기했고, 낙서라는 것은 거북이의 등이 쭉쭉 갈라져 글자 모양처럼 되어 있기 때문이라고 했습니다. 즉, 용마의 등 모습과 거북이의 등 모습이 그림과 글자처럼 되어 있었기 때문에 하도라고 얘기하고 낙서라고 얘기했다라고 했는데, 그것보다는 하도는 그림만 전해 내려왔고 낙서에는 65자의 글자가 함께 전해져 내려왔기 때문이라는 설이 더 타당성이 있습니다. 『서경』의 「홍범」을 보면, 홍범구주가 나옵니다. 홍범구주는 낙서에 뿌리를 두고서 만들어졌다고 하는데, 홍범구주에는 다음과 같은 65자의 총론이 있어요.

初一은 曰五行이오 次二는 曰敬用五事오

次三은 曰農用八政이오

次四는 曰協用五紀오 次五는 曰建用皇極이오

次六은 曰乂用三德이오 次七은 曰明用稽疑오

次八은 曰念用庶徵이오 次九는 曰嚮用五福이오

威用六極이니라.

우리가 일반적으로 홍범구주를 1 오행, 2 오사, 3 팔정, 4 오기, 5 황극, 6 삼덕, 7 계의, 8 서징, 9 오복 육극이라고 간략하게 얘기하는데, 홍범구주의 조목을 설명하는 65자의 글자가 낙서와 함께 전해져 내려왔기 때문에 낙서에 글 서書 자를 놓았다 하는 것이 더 일반적인 견해입니다.

하도는 그냥 그림만 전해 내려오니까 하도라 했고, 낙서에는 홍범구주의 총론인 65자의 글이 함께 전해져 내려왔기 때문에 낙서라고 얘기를 하고 있습니다.

과거에 전통적으로 복희씨는 하도를 받고 나서 하도를 통해서 팔괘를 처음으로 그렸다고 얘기합니다. 우임금은 낙서를 받아가지고 낙서를 통해서 홍범구주를 만들었고, 이에 의거해서 정전법井田法을 시행했다고 합니다. 즉 하도를 근거로 하여 팔괘를 그리고, 낙서를 응용해서 홍범구주를 만들었다고 얘기를 하고 있습니다.

방금 언급한 초일은 왈 오행이요, 차이는 왈 경용오사요. 이게 홍범구주의 내용인데, 낙서를 가지고 홍범구주를 만들었기 때문에 낙서에 홍범구주의 총론의 글이 붙어 있었던 겁니다.

하도 낙서는 삼신 상제님의 계시로 나온 것

하도 낙서라는 것은 인간이 인위적으로 그린 것이 아닙니다. 이것은 신교 시대 때 삼신 상제님께서 계시해 주신 거예요. 그리고 그런 문헌도 방금 말씀을 드렸어요. 복희씨가 어느 날 꿈속에서 삼신 상제님께서 몸에 강령하신 꿈을 꾸고 만리를 통철하시고, 삼신산에 가서 천제를 지내고 내려오다가 이 하도를 받았다고 하였는데, 이것은 분명히 삼신 상제님의 계시에 의해서 하도라는 것이 이 세상에 출현하였음을 증명하고 있는 것입니다. 그리고 성인께서 그것을 받아서 그린 것이 됩니다.

하도 낙서에서 유래한 도서관

이 하도 낙서라는 것이 주나라 때 보물 중의 보물로 여겨져서 왕실에서 소중하게 보관을 했습니다. 중요한 보물들을 한꺼번에 모아 놓고 보관을 하는데, 거기에는 구슬도 있고, 칼도 있고, 하도도 있고, 낙서도 있고, 기타 중요한 물품들이 있었지만 그 보물창고에서 가장 중요한 것은 하도와 낙서였어요. 그래서 여기에서 도서라는 말을 따서 도서관이라는 말이 유래하게 되었는데, 우리가 지금 책을 보관하는 **도서관이라는 말이 하도 낙서에서 유래한 것입니다.**

하도 낙서의 문서상의 역사성

하도 낙서에 대해서 어떤 사람들은 조광윤이 세운 송나라 때 나왔다고 말을 합니다. 송나라가 시작할 무렵에 진단陳摶이라는 사람이 그린 것이 아니냐 하는 의심을 하는 사람들이 있습니다. 이는 하도 낙서의 가치를 무시하여 후세의 도사나 술수하는 사람들이 그린 것이라고 비하하고 깍아내리는 것인데 이것은 아주 잘못된 것입니다.

그 이유는 공자가 하도와 낙서에 대해서 여러 번 언급하고 있기 때문입니다. 『주역』「계사전」을 보면 공자가 "하출도河出圖하고 낙출서洛出書어늘 성인칙지聖人則之라"는 말을 합니다. 하수에서는 그림이 나오고, 낙수에서는 낙서가 나왔는데 이것을 성인께서 본받았다. 공자가 이런 얘기를 주역 계사전 11장에서 말하고 있거든요. 그러니까 공자 당시에 하도 낙서가 있었다는 분명한 증거가 됩니다.

『논어』 9편인 「자한편」에 "봉조부지鳳鳥不至하며 하불출도河不出圖하니, 봉황새가 이르지 아니하고 하수에서는 하도를 내보내지 아니하니, 오이의부吾已矣夫인저 나도 이제는 끝난 모양이구나." 이렇게 공자가 하도 낙서를 『논어』라든가, 또는 『주역』에서 얘기하고 있습니다.

하도라는 말이 제일 먼저 나오는 곳은 『상서尙書』 「고명顧命」편인데 "태옥太玉과 이옥夷玉과 천구天球와 하도河圖는 재동서在東序라." 이 내용은 성왕이 돌아가셨을 때 태옥, 이옥, 천구, 하도와 같은 소중한 보물들을 동쪽에 있는 건물에 진열을 하였다는 것으로 BCE 1100년 때의 기록입니다. 이것이 하도가 언급된 최초의 기록입니다.

하도와 낙서의 흰 동그라미와 검은 동그라미의 의미

하도와 낙서를 보면 1, 3, 5, 7, 9 양수는 하얀 동그라미로, 2, 4, 6, 8, 10 음수는 검은 동그라미로 되어 있어요. 양수는 흰 동그라미로 되어 있고, 음수는 검은 동그라미로 되어 있어요. 이건 무엇을 나타내고 있는가? **이것은 하늘과 땅을 나타내고 있는 거예요. 하늘의 색깔은 백색이고, 땅의 색깔은 흑색으로 나타나는 겁니다.**

1, 3, 5, 7, 9는 천수天數요, 2, 4, 6, 8, 10은 지수地數라고 합니다. 하늘이라는 것은 광명한 자리예요. 그래서 백색으

로 나타냅니다. 땅이라는 것은 검은색으로 드러나기 때문에 검은색으로 나타냅니다. 검은색으로 된 것은 음수예요. 학술 용어로는 흰 동그라미를 백권白圈, 검은 동그라미를 흑권黑圈이라고 부릅니다.

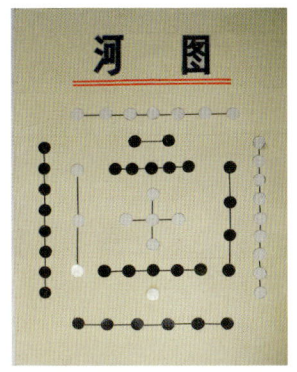

이 백권은 하늘을 나타내는 색입니다. 그리고 흑권은 땅을 나타내는 색깔입니다. 그래서 백색과 흑색으로 표현을 한 겁니다. 하늘을 상징하는 것은 빛이라고 하죠. 그리고 빛의 삼원색은 빨강과 파랑과 초록입니다. 빛의 삼원색인 빨강과 파랑과 초록을 합하면 이 자리는 무슨 색깔이 됩니까? 백색이

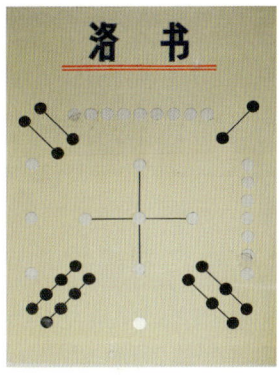

하북성 신락시의 복희묘에 있는 하도(위)와 낙서(아래)

돼요. 빛의 총화 색, 빛의 모든 결정이 모인 색깔이 흰색이에요. 그래서 흰색으로 하늘의 수를 나타낸 것입니다.

또 색깔의 삼원색이라는 것이 빨강과 파랑과 노랑이예요. 그 세 가지를 합하면 무슨 색이 돼요? 흑색이 돼요. 그래서

하늘을 나타내는 빛과 땅을 나타내는 색깔, 그것의 종합적인 색이 흰색과 검은색으로 나타나기 때문에 하늘의 색은 백권으로, 땅의 색은 흑권으로 표현을 하게 되었던 겁니다. 다시 말해 1, 3, 5, 7, 9의 흰 동그라미가 하늘을 나타내고 2, 4, 6, 8, 10의 검은 동그라미가 땅을 나타낸다는 것은 모든 자연수가 천지에서 나온다는 것으로, 음양의 뿌리도 천지에서 나오는 것입니다. 즉, **천지는 음양과 만사, 만물의 모든 이치가 나오는 생명의 근원자리**가 된다는 것입니다. 여기까지가 총론이었습니다. 총론은 이 정도로 하고, 이어서 각론으로 들어가 보겠습니다.

하도의 생성수 배치 원리

1수水와 2화火

현실 세계라는 것은 보이지 않는 세계가 근원이 되어 현실세계를 만들어 냅니다. **보이지 않는 그 세계를 무극無極**이라고 이야기합니다. 그런데 무無라는 것은 상대적인 무예요. 절대적인 무가 아니예요. 상대적인 무라는 것은 현실 창조의 근원이 되는 그런 무라는 뜻이예요. 만약 절대적인 무無라면 그것이 어떻게 동動해서 유有라는 현실 세계를 창조수 있겠어요? 우리 눈에만 보이지 않을 뿐이지 엄연히 존재하고 있는 현실 세계의 근원과 모태가 되는 자리입니다.

보이지 않던 무無가 압축 통일된 자리를 공이라 하고, 공空이 더욱 냉각 압축되면 물질화가 되는데, 물질화 되어서 처음 나타날 때 무엇으로 나타나느냐 하면 물로 나타나요. 숫자로는 0이라는 것이 드러날 때 1로 드러나는데, 이것이 **무無에서 공空을 거쳐 물水로 나타나는 것이며 무극에서 태극으로 전환하는 과정입니다.**

따라서 창조의 시작이라는 것은 물에서 시작하는 것인데, 공간적으로 생각해 볼 때 동서남북 중앙 중에서 창조가 시작되는 방위가 어디냐 하면 북쪽이예요. 그래서 북쪽에다가 1수를 갖다 놓는 거예요. 왜? 북쪽에서 생명이 태동되어 자리를 잡기 때문입니다.

1은 첫 번째로 나왔다는 것을 뜻합니다. 그리고 이것은 동서남북 중앙 중에서 북쪽에 자리잡을 수밖에 없어요. 그래서 북쪽에 갖다 놓는 거예요. 그런데 현실 세계라는 것은 음양의 세계입니다. 음양의 세계면 1의 짝이 있어야 돼요. 물의 짝이 있어야 돼요. 그걸 찾아야 돼요. 그건 뭡니까? 그건 불이예요. 불이 두 번째 나오게 되는 거예요. 그래서 불이 물의 짝이 되는 거예요.

그런데 불이라는 것은 어디에서 작용하느냐 하면 방위적으로 남쪽에서 작용을 해요. 그래서 남쪽에 두 번째로 나온 2화를 갖다 놓는 거예요. 이 수화水火는 음양을 대표하여 우주변화의 주체가 되므로 황제내경에서는 "수화자水火者는 음양지징조야陰陽之徵兆也라"고 하였습니다. 징徵은 증거라는 뜻이고 조兆는 조짐이라는 뜻입니다. 수화水火라는 것은 상징적인 음양을 구체적으로 나타내는 증거와 조짐이 된다는 뜻입니다.

3목木과 4금金

그 다음에 세 번째, 물과 불이 만나면 생명을 시작하게 됩니다. 그것을 우리가 목木이라고 얘기해요. 생명이 시작하는 것은 방위적으로는 동방이고 계절로는 봄이라는 것은 상식이예요.

목木을 3이라고 하는 것은 첫 번째 수水, 두 번째 화火를 이어서 세 번째 생겼기 때문에 3이고요. 1+2를 해도 3이 되는 거예요. 닭이 달걀을 품으면 병아리가 나오게 되는데, 달걀은 생명이 통일된 일수一水이고 품는 것은 온기를 가하는 것으로 이화二火이며 병아리는 삼목三木으로 볼 수 있습니다.

그런데 우리 민족은 상제님을 삼신 상제님이라고 불러왔

습니다. 이 삼신 상제님의 개념이 여기서 확 열려버리는 거예요. 아! 삼신 상제님이라는 분은 생명 창조의 근원이 되는 10 무극자리에 계신 분이지만, 용用을 할 때는 물과 불이 결합해서 생명이 처음 동動한 3수로 나타난다는 것입니다. 그래서 생명이 현실적으로 동하는 그것은 목에서부터 시작하고, 그 목이라는 것은 방위가 동방에 자리 잡기 때문에 동방에 갖다 놓는 거예요. 증산 상제님께서 인류를 구원하시기 위해서 지구에서 다른 곳도 아닌 동방의 우리나라 땅에 강세하신 깊은 뜻도 오직 동방만이 사람을 살리는 구원의 문화를 펼칠 수 있는 유일한 장소가 되기 때문입니다.

그 다음에 만물이 생기면 죽어야 되잖아요. 맨날 생만 하는 것이 아니거든요. 생겨난 것은 죽어야 하는데, 그 죽이는 건 어디냐 하면 서방에서 죽이는 거예요. 계절로는 가을에 죽이기 때문에 맞은편 서쪽에다가 4라는 것을 배치를 하게 돼요. 수화水火는 체體가 되고 금목金木은 용用이 되므로 황제내경에서는 "금목자金木者는 생성지종시야生成之終始也라"고 하였습니다.

그러니까 상하에 있는 수화水火는 축軸이 돼요. 경經이라고도 얘기합니다. **경經은 수화水火가 되는 것이고, 위緯라는 것은 금목**이 되는 거예요. 생명의 시작은 북쪽에서 시작하고 현실 세계의 파트너, 음양 짝을 찾으면 불이 되어 남쪽에 자리잡죠. 이

것은 기氣로써 작용하는 것이고, 이 두 개가 만나면 실제로 생명이 시작을 하고, 이것이 동쪽에 자리잡습니다.

그러니까 동방에 3목을 갖다 놓고, 생긴 것은 죽어야 되거든요. 그래서 네 번째 서쪽에 4금을 갖다 놓습니다. 그리고 1, 2, 3, 4가 생겨나는 과정 속에서 저절로 자화自化하는 것이 토인데, 우리가 3목木과 2화火가 배속되는 동쪽과 남쪽을 양 방위라고 얘기해요. 봄과 여름이죠. 가을과 겨울을 음 방위라고 얘기합니다. 양 방위의 합수를 구해보면, 3+2 해서 5가 됩니다. 음 방위의 수를 더해 봐도 1+4 해서 5가 나오게 됩니다. 그래서 5라는 것이 여기서 저절로 생겨서 이 중앙에 자리를 잡게 됩니다.

토의 작용

그래서 5라는 것이 조화를 이루는 주체가 됩니다. 1, 2, 3, 4, 5라는 것을 생수라고 얘기합니다. 1, 2, 3, 4, 5를 생수라고 하는 것은 만물을 창조하는 기본수라는 뜻이예요. 이건 보이지 않는 수입니다. 무형의 수예요.

그런데 토라는 것이 여기에서 중매를 하여 생수의 짝을 만들어 줍니다. 생수는 목화토금수가 전부 음양 짝이 없는 홀몸이거든요. 상제님께서도 "독음독양은 만사불성이니라"라고 하셨습니다. 바로 5토가 중매를 하여 외로운 홀몸인 목화금수의 짝을 만들어 줘요. 다시 말해 5에다 1을 더해서 6수가 나와 다시 북쪽에 자리를 잡게 됩니다.

사실 5+1 하면 6이 되고, 5+2 하면 7이 되고, 5+3 하면 8이 되고, 이런 것은 우리가 잘 아는데, 우리가 정말로 생각해야 할 것은 5에다 1을 더해서 6이 될 때에 그 5의 조화라는 것이 도대체 뭐냐 하는 것입니다. 첫째, 주자의 사위 황간黃幹은 오행구족五行俱足이라 하여 오행의 5가지 요소가 모두 구비되어야 물질이 된다고 했습니다. 둘째, 이 5가지의 물질을 5토로 조화시키는 것입니다. 사재옹씨思齋翁氏는 부득토不得土면 불능성기不能成器라 했습니다. 토의 조화를 얻지 못하면 물질을 이룰 수 없다는 뜻입니다. 셋째, 5의 조화는 성령, 또는 신神이 깃든다고도 볼 수 있습니다.

이 5의 조화가 들어가면 물질화가 됩니다. 1, 2, 3, 4, 5라는 수는 만물의 생명을 창조하는 수이므로 생수라고도 부르지만, 만물의 운명을 결정짓는 수이기 때문에 명수命數라고도 부릅니다.

사람이 뼈대를 갖고 있으면, 여기에 살이 붙어가지고 사람이 이루어지는 거예요. 뼈대에 해당하는 거, 골간에 해당하는 것이 생수가 되는 거예요. 그런데 거기다가 5토의 조화가 들어가면 그것이 물질화되어서 나타나게 되는데, 1에다가 5토의 조화가 들어가면 6수가 되는데, 이때 우리 눈에 보이는 물이 되는 거예요.

그리고 2에다가 5토의 조화가 들어가면 남방에 7화가 자리를 잡게 되고, 3에다가 5토의 조화가 들어가면, 8목이라는 것이 자리를 잡게 되고요. 5토가 서쪽에서 작용하면 9금이 되어 서방에 자리잡죠. 그리고 5토 자체가 자화自化를 해요. 스스로 또 자신의 파트너를 만들어요. 이것이 가운데 자리 잡아서, 북, 남, 동, 서, 중앙에 1·6수, 2·7화, 3·8목, 4·9금, 5·10토가 자리를 잡아 하도라는 것이 만들어지게 됩니다.

여기에서 우리가 6, 7, 8, 9, 10을 성수라고 부르는데, 이 성수라는 것은 완성된 수, 이루어진 수라는 뜻이고, 완성된 것은 물질을 이루므로 물질화된 수란 뜻으로서 물수物數라고도 얘기해요. 또 물질이 만들어지면 형체를 이루게 되므로 성수인 물수는 형수形數라는 표현도 씁니다. 6, 7, 8, 9, 10이라는 것은 5토의 조화에 의해서 물질화가 이루어진 것입니다.

우리 자신이 상제님을 신앙하는 것을 하도에 견주어 이렇게 생각해 볼 수가 있습니다. 우리가 세상에서 제 멋대로 살다가 도문에 들어와서 천지일월 하느님을 만나게 됩니다. 천지일월 하느님은 토 자리니까 토를 만나서 새로운 신앙을 통해서 나 자신이 새로운 인물로, 새로운 사람으로 변화가 되고, 완성되는 것으로 생각해 볼 수 있습니다.

생명을 창조하는 근원은 항상 아래쪽에 자리잡아야 됩니다. 사람도 생명을 창조하는 기관이 있어요. 생식기관이예요. 생식기관이 우리 몸속에 어디에 있습니까? 아래에 있어요. 아래는 조금 전에 무슨 방향이라고 했어요? 북쪽이예요. 그래서 생식기가 북쪽에 자리잡는 거예요.

그 다음에 작용을 하는 것은, 얼굴에 칠규七竅가 있어요. 눈 두 개, 귀 두 개, 콧구멍 두 개, 입 하나 합치면 일곱이예요. 이 일곱 개는 7화를 상징하고 있는 건데, 이 7화는 어디에서 작용합니까? 남쪽에서 작용하잖아요. 그리고 우리 오장을 놓고 보더라도 생명의 근원이 되는 신장이라는 것이 아래에 자리 잡고 있어요. 북쪽에 자리 잡은 거예요. 심장이라는 것이 위쪽, 남쪽에 자리 잡고 있어요. 이렇게 하도 낙서라는 것은 근본 법칙이기 때문에 우리가 그렇게 유추해 나갈 수가 있는 것입니다.

하도에 나타난 음양

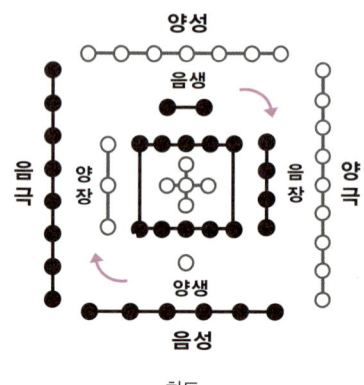
하도

여기에서 재미있는 것을 살펴보면, 북쪽에서 일수一水인 양이 생했어요. 이것이 동으로 가고, 이것이 남으로 갔다가, 이것이 서로 가죠. 이것이 1, 3, 7, 9로 좌선을 하면서 발전하는 과정입니다. 북에서 양이 처음으로 생해요, 1양생陽生. 동에서 양이 자라요, 3양장陽長. 남에서 양이 성해요, 7양성陽盛. 서에서 양이 아주 극성해지기 때문에 9양극陽極이라고 얘기할 수가 있습니다.

반대로 남에서는 이화二火인 음陰이 생해요, 음생陰生. 서에서는 4로서 음이 장해요, 음장陰長. 북에서 여섯이니까 여기에서는 음이 성하게 됩니다, 음성陰盛. 그리고 동에서는 8로서 음이 극하게 되는 거예요, 음극陰極. 이런 원리도 우리가 살펴볼 수가 있죠.

재미있는 것은, 양이 생生할 때는 음성盛하고, 양장長하면 음극極하며, 양성盛하면 음생生하고, 양극極하면 음장長합니다. 동서남북의 생수가 양이면 성수는 음이고, 생수가 음이면 성수는 양으로 돼 있어요. 이것이 음양의 동시성同時性이 예요. 음양이라는 것은 언제든지 독음독양으로는 존재할 수 없는 거예요. 음양의 원래 뜻이, 태양이 비추는 곳을 양陽이라 하고 그늘진 곳을 음陰이라고 하는 데서 생겼어요.

산이 있는데 태양이 한 곳을 비추면 이쪽은 양달이 되는 순간에 반대쪽은 응달이 되죠. 그렇죠? 그러니까 음과 양이라는 것은 동시에 생겨나는 겁니다. 동시성이예요. 그래서 음양이라는 것은 여러가지 원리가 있는데, 첫째로 음양의 동시성을 이야기 할 수 있습니다.

둘째로는 음과 양이 서로 뿌리를 두고 있어요. 수水의 생수가 양이면 성수는 음이고, 화火의 생수가 음이면 성수는 양이고, 목木의 생수가 양이면 성수는 음이고, 금金의 생수가 음이면 성수는 양이고, 그래서 음양은 서로 호근하는 원리가 있습니다. 이를 음양의 **호근성互根性**이라고 하는데, 음양이 서로 뿌리를 이루고 있다는 것입니다.

그 다음에 음양의 순환성循環性이예요. 양이 생겨나고 자라서 왕성하다가, 극한 상태에 간다. 이때 반대에서 음도 생해서, 자라서 성하다가 극한 상태로 가게 됩니다. 음과 양의 순환하는 모습을 우리가 여기에서 볼 수가 있어요. **음양의 순환성**도 하도에서는 잘 나타나 있습니다.

또한 양이 생할 때는 음이 성하고, 양이 장할 때는 음이 극하고, 음이 생할 때는 양이 성하고, 음이 장할 때는 양이 극하고, 해서 음양이 번갈아가면서 사라지고 자라나는데, 이것을 소장消長이라고 얘기합니다. 음양은 번갈아가면서 사그라지고 자라 번갈아가면서 성쇠하는데, 이를 **음양의 소장성**消長性이라고 하며 하도에는 이러한 모습도 잘 나타나 있습니다.

그 다음에 음양의 대대對待를 살펴볼 수 있습니다. 동방에서 음이 극할 때는 서방에서 양이 극하고, 북방에서 양이 생할 때는 맞은편 남방에서 음도 생하고, 남방에서 양이 성하면 북방에서 음도 성하고, 서방에서 음이 자라면 동방에서 양도 자라고, 이렇게 작용하는 것을 음양의 대대성이라고 얘기합니다. **음양의 대대성**對待性도 우리가 여기서 살펴 볼 수가 있습니다.

사상의 자리 수[四象之位數]

다음은 사상四象을 가지고 음양의 묘미를 한번 살펴볼까 합니다. 태극이라고 하는 것이 분화하면 양(━)과 음(╌)이 되고요. 이것에서 양효가 다시 분화하면 양양(═), 양음

(⚏), 음효가 분화하면 음양(⚌), 음음(⚏)이 됩니다. 우리가 양(一)을 1이라 하고 음(--)을 2라고 하듯이, 사상도 1, 2, 3, 4라는 숫자를 배합할 수 있는데, 양양을 태양이라고 합니다. 그래서 1을 **태양지위**太陽之位라고 그래요. 첫 번째가 태양의 자리예요. 2라는 것은 음이예요, 양이예요? 음이죠. 그래서 두 번째 위치한 것은 소음이예요. **소음의 자리는 둘째 자리로서 2입니다.** 3은 양이잖아요. 그래서 **소양의 자리는 3이예요.** 그리고 **태음의 자리는 4가 됩니다.** 이것을 사상의 자리수라고 합니다.

태양지위太陽之位는 1입니다. 태양지위수, 태양의 자리수는 1이요, 소음의 자리수는 2요, 3은 양이니까 소양의 자리수는 3이 됩니다. 태음의 자리수는 4가 됩니다. 이것은 반드시 기억을 해야 합니다.

4	3	2	1	사상
태음지위	소양지위	소음지위	태양지위	
태음(⚏)	소양(⚎)	소음(⚍)	태양(⚌)	
음(--)		양(一)		양의
				태극

사상의 작용수

그 다음에 6, 7, 8, 9를 가지고 얘기할 때는 양진음퇴陽進陰退로 수를 결정합니다. 양은 발전하는 것을 위주로 하기 때문에 소양수는 7이고 태양수는 9가 됩니다. 음은 퇴축하는 것을 위주로 하는 것이기 때문에 8이라는 것이 소음수가 되고, 6이라는 것이 태음수가 됩니다.

5·10과 사상수의 관계

우리가 5라는 것을 바탕으로 해서 사상 속에 들어있는 재미있는 현상을 살펴보도록 하겠습니다. 우리가 5+1 하면 6이 나오고, 5+2 하면 7이 나오고, 5+3 하면 8이 나오고, 5+4 하면 9가 나온다고 그랬어요. 이 5라는 중수를 바탕으로 태양의 자리수 1을 더하면 태음이 나와요.

소음의 자리수 2를 더하면 7인 소양이 나와요. 소양의 자리수 3을 더하면 8인 소음이 나와요. 그 다음에 태음의 자리수 4를 더하면 9인 태양이 나와요. 5라는 중수는 생수를 성수로 만들 때 양수는 음수를 만들고 음수는 양수를 만들었듯이, 태양은 태음을, 소음은 소양을, 소양은 소음을, 태음은 태양을 만들어 냅니다. 또 이를 통해 태양은 태음에 뿌리를 두고, 태음은 태양에 뿌리를 두고 있으며 소음은 소양에, 소양은 소음에 뿌리를 두고 있구나 하는 것을 알 수 있습니다.

10을 가지고 사상의 묘미를 살펴보면, 10-1, 10-2, 10-3, 10-4 할 때 1, 2, 3, 4는 사상의 자리수예요. 10에서 태양의 자리 하나를 빼면 9인 태양수가 나와요. 소음의 자리 2를 빼면 8인 소음수가 나와요. 소양의 자리수 3을 빼면 7인 소양수가 나오고, 태음의 자리 4를 빼면 6인 태음수가 나와요. 그래서 이런 걸 놓고 보면, 5와 10이라는 것이 우주 변화의 주체가 된다는 것을 또한 알 수가 있습니다.

그리고 이것을 하도를 통해 본다면, 북방의 1이 태양이고 6이 태음이예요. 태양 태음이 함께 있어요. 서방의 4가 태음이고 9가 태양이예요. 태양, 태음이 같이 있어요. 남방의 2는 소음인데 7소양과 같이 있어요. 그리고 동방의 3은 소양인데 8이라는 소음과 함께 있습니다. 이처럼 늙은 양인 태양과 늙은 음인 태음이 함께 있고, 소양 소음이 함께 있는 것에서 음양의 동시성, 음양의 호근성, 음양의 대대성 그리고 음양합태극 등을 확인을 해볼 수가 있습니다.

물질로 본 하도의 원리

너무 추상적이니까 물질을 가지고 한번 살펴보겠습니다.

물을 창조할 수 있는 운명을 가진 1이란 생수가 5의 조화, 토의 조화를 얻으면 6수로 바뀌게 되거든요. 그러면 물이라는 것은 1과 6의 성질을 다 가지고 있는 거예요. 북방에서 물이 생겼어요. 이미 물질이

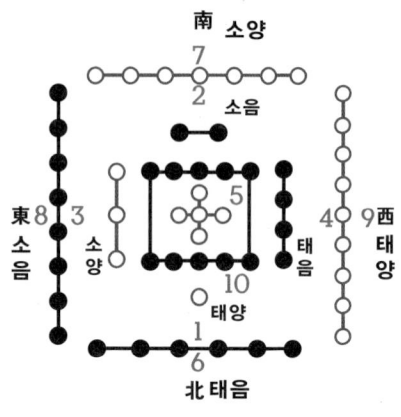

하도에 나타난 사상의 원리

생겼다면 음양의 성질을 다 가지고 있는데, 물은 성질이 차고 움직이는 성질이 있어 물질적으로는 음이고 성질은 양[質陰而性本陽]이라고 합니다.

또한 물질이 음陰이라서 물은 아래로 흘러가는 성질이 있습니다. 물은 내양외음內陽外陰이기 때문에 물이라는 것은 내명외암內明外暗해요. 안은 밝고 밖은 어둡습니다. 그래서 밖에서는 속이 잘 안보이지만 물속에서는 물고기들을 잘 볼 수 있습니다. 그리고 내양외음內陽外陰이라서 물이라는 것은 안은 따뜻하고 밖은 차요. 그래서 겨울에 밖은 얼음이 얼어도 안은 따뜻해서 얼음이 얼지 않습니다. 만약 안에까지 물이 꽁꽁언다면 물고기들이 살 수가 없을 것입니다.

이처럼 물질화 된 것은 음양의 성질을 모두 가지고 있는데, 물의 양적인 본성은 1水의 작용이고 음적인 성질은 6水의 작용인데, 감(坎, ☵)괘의 모습에서 물은 체양이용음體陽而用陰이라고 말할 수 있습니다. 물은 천일생수天一生水하고 지륙성지地六成之한다고 하는데, 가운데 양효가 천일생수 자리이고 밖의 음효가 지륙성지한다고 볼 수 있습니다.

남방에서 불이 생겨요. 2·7화에서 활활 타는 불이 생기는데, 불은 위로 타오르죠. 7화가 위에 자리잡고 있습니다. 2는 음수고 7은 양수인데, 음이라는 건 어두워요. 그래서 불이란 것은 내암외명內暗外明해요. 그리고 온도를 가지고 따지면 내한하고 외열하죠. 안은 차지만 바깥은 열한 것이 불입니다.

이처럼 불은 물과 반대의 성질을 가지고 있으므로 질양이성본음質陽而性本陰이라 하여, 본질은 뜨겁지만 본성은 음이 되어 수렴작용을 하고, 다 타고 나면 한줌의 재로 변하게 됩니다. 불은 이(離, ☲)괘의 모습에서 체음이용양體陰而用陽이라 말할 수 있습니다.

불은 지이생화地二生火 하고 천칠성지天七成之 한다고 말하는데, 가운데 음효가 지이생화 하는 것이고 상하의 양효가 천칠성지 한다고 볼 수 있습니다.

나무를 가지고 볼까요. 3·8목이 나무를 이루니까 나무는 안이 양이고 바깥이 음이에요. 여기서는 한열을 가지고 따질 수가 없어 강유로 살펴보겠습니다. 나무라는 것은 안이 강하고 바깥이 부드러워요. 소나무 같은 것을 보면 소나무의 심이 있잖아요? 그건 아주 단단하단 말이에요. 그래서 내강외유가 됩니다. 그리고 내외를 뿌리와 지상부분으로 보면, 뿌리가 강하고 위에 있는 부분이 뿌리보다는 좀 약하다. 이렇게 볼 수가 있어요. 역시 내강외유가 됩니다. 천삼생목天三生木 지팔성지地八成之라고 볼 수 있습니다.

쇳덩어리를 가지고 얘기하면, 4와 9금이 만나서 쇳덩어리를 만드는데, 쇳덩어리라는 것은 내음외양이에요.

쇳덩어리야 안팎이 똑같다고 생각할 수도 있겠지만, 밖이 아주 단단하고, 또 땅 속에서 좀 부드러운 것이 나와서 바깥에서 단련을 통하면 더 강해져요. 이것도 내유외강이라고 볼 수 있습니다. 지사생금地四生金 천구성지天九成之의 원리라고 볼 수 있습니다.

안에 있는 것은 5·10토인데, 흙이라는 것은 안이 양이고 바깥이 음이잖아요? 그래서 이것도 내강외유죠. 땅이라는 것은 풍화작용에 의해서 바깥은 흙으로 자꾸 변해가서 부드럽고, 안은 딱딱한 것이 자리잡고 있습니다. 천오생토天五

生土 지십성지地十成之의 원리로 볼 수 있습니다. 이렇게 물질화돼 나온 것도 하도의 원리에 의해서 전부 설명할 수가 있게 됩니다.

천간	甲	乙	丙	丁	戊	己	庚	辛	壬	癸
숫자	3	8	7	2	5	10	9	4	1	6

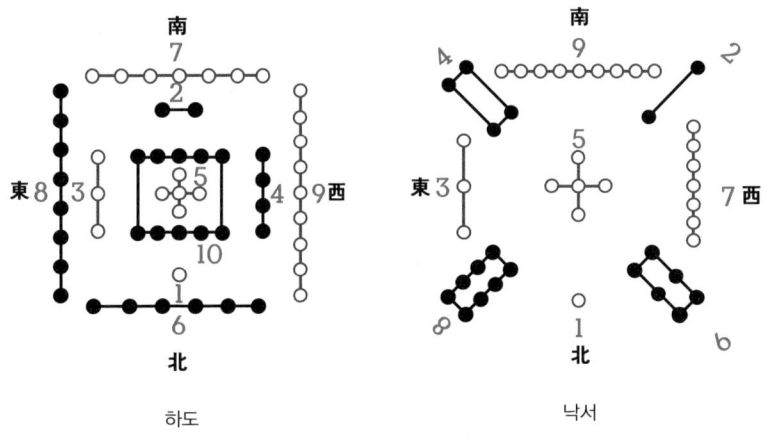

하도   낙서

하도와 십간의 배합

그리고 하도에다 십간을 붙여 볼 수가 있어요. 오행에 의거하여 양간에 양수를 붙이고 음간에 음수를 붙이면 됩니다. 3·8목이니까 갑을을 붙이면 되는데, 갑甲은 양간이니까 3木이 되고, 을乙은 음간이니까 8木이 됩니다. 병정丙丁에서 병丙은 7화가 되고 정丁은 2화가 되죠. 무기戊己에서는 무戊는 다섯 번째 있는 천간이므로 무 5토, 기己는 여섯 번째 있으니까 음이 되어 기 10토, 경신庚辛은 경庚이 양금이니까 9금, 신辛이 음금이니까 4금, 임계壬癸는 임壬이 아홉 번째 있어 양수인 1수가 되고, 계癸가 열번째 있어 음수인 6수가 됩니다. 갑병무경임이 양간이고 을정기신계가 음간이라는 것이 입에 붙어 있어야 합니다.

하도 낙서의 차이점

이어서 하도와 낙서의 차이점을 한번 살펴보도록 하겠습니다. 하도라는 것은 1·6수가 북쪽에 있고 동쪽에 3·8목이 있고, 남쪽에 2·7화가 있고, 서쪽에 4·9금이 있고, 그 다음에 가운데 5토가 있고, 밖에 10토가 있습니다.

낙서라는 것은 양수가 정방에 있고 음수가 간방에 있으며陽正陰偏, 양이 주도적인 역할을 하고 음이 보조적인 역할陽主陰輔을 합니다. 그리고 북쪽과 동쪽에는 1·6수와 3·8목이 있어 하도와 동일한데, 남방과 서방은 금화가 교역되어 남쪽에 4·9금, 서쪽에 2·7화가 있고, 중앙에는 10토가 없고 5토만 있습니다.

하도 낙서의 정의

하도 낙서를 한번 정의를 내려 볼게요. 하도라는 것은, 안에 있는 다섯 개의 생수가 주체가 되는 거예요. 1, 2, 3, 4, 5 다섯 개의 생수가 주체가 되어서 다섯 개의 성수를 통솔해요. 6, 7, 8, 9, 10이라는 다섯 개의 성수를 통솔하면서 함께 같은 자리에 있어요. 오행의 생수와 성수가 함께 같은 자리에 처해 완전한 모습을 보여주면서 상도常道를 나타내고 있어요. 하도라는 것은 상도常道를 얘기하고 있으며 숫자의 체數之體가 되는 겁니다.

낙서라는 것은 1, 3, 5, 7, 9의 정방에 있는 다섯 개의 기수奇數가 네 개의 우수偶數를 통솔해요. 2, 4, 6, 8이라는 네

하남성 맹진현 용마부도사의 낙서(좌)와 하도(우).

개의 우수를 통솔해서 같은 방위에 있는 것이 아니라 각각 다른 방위에 즉, 팔방위에 분포하는데 양이 주도를 해요.

양이 주도적인 작용을 하면서 음을 통솔해요. 양이 정방에 있기 때문에 주도적인 작용을 한다고 말합니다. 8방위에 펼쳐져 있기 때문에 1, 3, 5, 7, 9 양이 주도적인 작용을 하면서 음을 통솔하는데 이것은 변화를 나타내는 거예요. 그래서 낙서는 변도變道를 얘기하는 것이고, 수의 용數之用을 얘기하는 것입니다.

그래서 우리가 하도 낙서를 이야기할 때 하도는 상常이고, 낙서는 변變이다. 하도는 수지체數之體요, 낙서는 수지용數之用이다. 이렇게 얘기하고 있습니다.

핵심은, 하도는 1, 2, 3, 4, 5라는 다섯 개의 생수가 6, 7, 8, 9, 10이라는 다섯 개의 성수를 통솔해서 같은 자리에 위치해서 그 상도를 보여주고 있는데, 수의 체를 나타내고 있고, 낙서라는 것은 1, 3, 5, 7, 9 다섯 개의 기수가 네 개의 우수, 즉 음수 2, 4, 6, 8을 통솔해서 양은 정방에, 음은 간방에 자리를 잡아 변화하는 모습을 드러내고 있는 수의 용을 나타내고 있다는 것입니다. 제가 지금 말씀드린 것은 하도 낙서에 대해 주자朱子가 정의를 내려놓은 것입니다. 원문으로 얘기하면 어려워서 제가 풀어서 먼저 얘기했어요.

"하도河圖는 이오생수以五生數로 통오성수이동처기방統五成數而同處其方하니 개게기전이시인蓋揭其全以示人하야 이도기상而道其常이니 수지체야數之體也요, 낙서洛書는 이오기수以五奇數로 통사우수이각거기소統四偶數而各居其所하니 개주어양이통음蓋主於陽以統陰하야 이조기변而肇其變이니 수지용야數之用也라." 이것이 주자가 정의내린 원문입니다. 여기서 전全은 1에서 10까지 전체의 숫자라는 뜻이고, 도道는 말할 도 자이고, 조肇는 비롯할 조 자로 변화를 일으키는 근원이 된다는 뜻입니다.

하도와 낙서의 숫자는 음양이 다릅니다. 하도는 1, 2, 3, 4, 5의 생수가 양陽이 되고, 6, 7, 8, 9, 10의 성수가 음陰이 되어 5개의 생수의 양陽이 5개의 성수의 음陰을 통솔합니다. 다시 말해 생성수生成數로 음양을 나누기 때문에 하도는 만물 생성의 원리, 만물 창조의 원리를 나타냅니다. 낙서는 1, 3, 5, 7, 9의 기수가 양이 되고 2, 4, 6, 8의 우수가 음이 되어, 5개의 기수의 양이 4개의 우수의 음을 통솔합니다. 다시 말해 기우수奇偶數로 음양을 나누기 때문에 변화와 작용을 나타냅니다. 이것은 우리가 반드시 알고 있어야 할 내용입니다.

동주東洲 최석기崔碩其(1904~1987) 선생은 하도 낙서를 정의하기를 "하도라는 것은 음양이 생성되는 본체를 얘기하는 것이요, 낙서는 음양의 변화작용이다. 하도자河圖者는 음양생성지체야陰陽生成之體也요, 낙서자洛書者는 음양변화지용야陰陽變化之用也라"했는데 즉, 하도는 1, 2, 3, 4, 5의 양이 6, 7, 8, 9, 10의 음과 상합하여 창조의 주체가 되고, 낙서는 1, 3, 5, 7, 9의 양과 2, 4, 6, 8의 음이 결합하여 변화의 작용이 된다는 뜻입니다.

또 하도라는 것은 "음양불역지정체야陰陽不易之正體也요, 음양이 바뀔 수가 없는 바른 본체를 나타내고, 낙서라는 것은 음양불측지변용야陰陽不測之變用也라, 헤아릴 수 없는 음양의 변화작용이다"라고도 했습니다. 또 다른 말로는, "하도자河圖者는 음양불역지대체야陰陽不易之大體也요, 하도는 음양의 바꿀 수 없는 큰 본체가 되고, 낙서자洛書者는 음양교역지묘용야陰陽交易之妙用也라, 낙서라는 것은 음양이 교역하는 묘한 작용이 된다"라고도 했는데, 제가 옛날에 나온 책들을 참고해서 정리해 본 것입니다.

음양이 생성되는 가운데에서 오행이 갖추어지고 음양이 변화하는 가운데서 오행의 작용이 생겨나게 됩니다. 낙서에서 음양이 변화하면서 오행의 작용이 나타나게 됩니다.

『증산도의 진리』에서 하도 낙서 정의

『증산도의 진리』에서 안경전 종도사님께서 하도 낙서를 정의하신 표현을 살펴보면, "**하도라는 것은 천지창조의 설계도다**"라고 하셨습니다. 천지 만물이 현상계에 존재하고 있는데 그 창조의 설계도가 있어야 될 것이 아니예요? 우리가 집을 지으면 설계도대로 집을 짓잖아요. 그런데 우주 만물의 설계도가 뭐냐 이거예요. 하도다 이거예요. 하도에 의해서 삼라만상이 나오게 된 거예요. 천지창조의 설계도라는 표현이 『증산도의 진리』에 쓰여 있습니다.

낙서라는 것은 '우주변화의 작용도' 라고 표현하고 싶어요. 우주 변화의 작용도, 즉 변화도가 됩니다.

하도는 천지창조의 설계도요, 낙서라는 것은 우주변화의 작용도다. 천지는 체가 되기 때문에 하도는 천지가 만물을 만들어내는 설계도에 해당하는 거예요. 그런데 천지와 우주는 다르잖아요. 우주는 작용을 나타내는 것을 위주로 하거든요. 그래서 낙서에는 제가 우주라는 표현을 썼어요. 그리고 변화라는 말을 썼어요. 그리고 작용도라는 말을 썼어요.

또 다른 표현이 있어요. 낙서는 선천을 나타내고 하도는 후천을 나타내잖아요. 이에 대해서는 뒤에서 제가 말씀을 드리겠지만, 그럴 때는 하도라는 것은 '**천지창조의 이상향**'을 나타내고 있는 거예요. 앞으로 천지의 변화가 성숙되어 조화된 세상이 열리게 되는데 그 기준이 뭐냐하면 하도예요.

하도라는 것은 천지창조의 이상향을 나타내고 있고, 낙서라는 것은 그러한 이상향을 향해서 진군해 가는 선천역사의 고달픈 행군과정을 나타내고 있어요. 그것이 낙서예요. 쉽게 얘기해서, 낙서는 선천 세상의 변화의 이법이고, 하도는 후천의 질서를 나타낸다는 말이예요.

낙서라는 것은 후천을 향해서 가는 상극의 고난 과정이고, 하도라는 것은 상생의 세상이 이루어진 후천의 이상향을 나타내고 있습니다. 앞에서 정의한 하도와 뒤에서 정의한 하도가 다르지요. 하도라는 것은 자연수가 통일되는 모습을 담고 있습니다. 이건 『우주변화의 원리』에 있는 얘기죠.

하도에는 10수가 있어요 그래서 10, 9, 8, 7, 6, 5, 4, 3, 2, 1로 자연수가 통일되는 모습을 담고 있습니다. 우주가 통일되는 모습을 담고 있는 수상이 하도고, 낙서라는 것은 9수까지 있어요. 1, 2, 3, 4, 5, 6, 7, 8, 9로 자연수가 분열하는 상을 나타내고 있어요. 하도는 '만수지일본萬殊之一本' 하는 모습이고 낙서는 '일본지만수一本之萬殊' 하는 모습입니다.

 낙서는 천지만물이 발전해 나가는 모습을 담고 있는 겁니다. 이 천지만물이 발전해 나가는 데는 5토가 주도적인 역할을 하고, 하도는 만물이 통일되는 모습을 담고 있는데 만물이 통일이 되는 데는 10토가 주도적인 역할을 하고 있습니다.

하도 낙서의 구별

 하도와 낙서에 대해서 몇 가지 구별을 해보겠습니다. 제가 여기다가 상변常變이다, 체용體用이다, 이런 표현도 썼지만 하도라는 것은 굉장히 안정되어 있어요. 음양이 모두 짝을 이뤄가지고 있고 낙서라는 것은 역동적으로 변해 가는 모습이 담겨있어요. 그래서 하도와 낙서를 정靜과 동動으로 얘기할 수 있어요. 하도는 고요하고 낙서는 움직이죠.

 하도라는 것은 음과 양이 조화를 이루고 있어요. 낙서라는 것은 음양이 부조화를 이루고 있어요. 하도라는 것은 질서와 평화로운 모습을 나타내고 있어요. 그리고 낙서는 혼

낙서	선천상	양의 세상	변도 變圖	용	5토 용사	발전	동動	부조화	무질서	혼란	상극
하도	후천상	음의 세상	상도 常圖	체	10토 용사	통일	정靜	조화	질서	평화	상생

란과 무질서를 나타내고 있습니다. 따라서 하도는 지축이 서 있는 모습을 나타내고, 낙서는 지축이 기울어진 모습을 나타내고 있습니다.

낙서는 선천상을 나타내고, 하도는 후천상을 나타낸다는 말이예요. 선천이라는 게 역동적으로 움직여 가는 거고, 후천은 음시대이기 때문에 안정된 하도의 세상이 오는 거고, 선천은 혼란과 무질서와 부조화의 세상이고, 후천 세상이라는 것은 조화되고, 안정되고, 평화롭고, 질서화된 그러한 세상을 나타내고 있다. 이렇게 말씀드릴 수 있습니다.

금화교역이란?

하도와 낙서에 대해서 또 중요한 차이점이라는 것은 여러분들이 잘 알다시피 4·9금과 2·7화가 바뀌어져 있는 모습입니다.

하도에는 2·7화가 남방에 가 있고 4·9금이 서방에 있는데, 낙서에는 4·9금이 남방에 있고 2·7화가 서방에 가 있습니다. 이것이 바로 상제님께서 말씀하신 기동북이고수氣東北而固守하고 이서남이교통理西南而交通이라는 겁니다. 하도에는 북쪽에는 수水, 동쪽에는 목木, 낙서에도 북쪽에는 수

木, 동쪽에는 목木이 변함이 없이 똑같아요. 그런데 낙서에서는 2·7화火와 4·9금金이 바뀌어 있어요. 이것을 우리가 금화교역이라고 얘기를 합니다.

금화교역 : 준비하는 것

금화교역 얘기를 수없이 들어봤지만, 금화교역 자체를 완전히 본인이 깨달아가지고 얘기할 수 있는 정도가 되어야 하거든요. **금화교역金火交易은 궁극적으로 생명이 완성되는 것을 의미하지만, 또다른 의미는 생명의 완성을 미리부터 준비하는 것입니다.** 우리가 학교를 가려면 가방을 챙겨 가지고 그날 학교에 가요. 일터에 나가려면 농기구를 챙겨 가지고 가요. 우리가 무슨 일을 하려면 준비를 해 가지고 갑니다.

여러분들이 오늘 이 자리에 참석하기 위해서는 『도전』도 챙기고, 『우주변화의 원리』도 챙기고, 노트도 챙기고 온단 말이예요. 준비를 해요. 준비를 하고 이 자리에 왔어요. 이처럼 만물이 봄에 싹터서 여름에 자라는 것은 가을에 열매를 맺는 것이 목적인데 이는 금화교역이 완성된 것이고, 이 열매를 맺기 위해서 봄, 여름부터 준비하는 과정도 금화교역이라고 이야기 합니다.

겨울에서 봄이 될 때는 수생목水生木의 상생 과정이죠. 봄에서 여름이 될 때도 목생화木生火의 상생의 과정이죠. 가을에서 겨울도 금생수金生水 상생의 과정이에요. 그런데 여름에서 가을은 화극금火克金의 상극의 과정이예요. 다른 세 군데는 자연스럽게 변화를 하지만 이 여름과 가을이 바뀔 때는 개벽이 와요. 아주 격변을 한단 말이예요. 격렬한 변화가 있는 거예요. 두 가지 길이 있습니다. 화극금의 길도 있는 것이고, 화생토火生土-토생금土生金의 길도 있는 거예요. 우리는 상제님의 진리를 만나서 화생토-토생금으로 상생을 통해 후천을 가는 사람들이고, 세상 사람들은 화극금의 질서에서 벗어나지 못하고 상극을 통해 개벽을 당하는 거예요. 여름과 가을이 바뀔 때는 화극금에 의해서 엄청난 변화가 오게 됩니다.

그러면 그 변화에 대한 준비를 해야 돼요. 준비를 하는 것이 금화교역이예요. 우주운동의 목적은, 봄에 싹터서 여름에 자란 초목이 가을에 열매맺고 결실하듯이, 가을에 생명이 완성되고 통일되기 위해서 봄부터, 여름부터 준비를 합니다. 여름에는 덥잖아요. 화火기운이 작용하지만 이면에서는 금金이 작용을 해요. 보이지 않는 곳에서 가을을 준비하고 있어요. 이것이 금화교역이예요.

우주 1년의 목적, 지구 1년의 목적은 가을에 열매 맺고 추수하는 게 목적이예요. 그러면 목적을 이루기 위해서 봄부터 준비를 하겠죠. 따라서 금화교역은 봄부터 시작되는 거예요. 그렇지만 준비라는 것이, 시험이 한달 전에 준비가 잘 됩니까? 내일 모레 시험이 돼야지 준비하듯이, 가을을 목전에 둔 여름철에 완벽하게 준비를 하는 거예요.

그러니까 가을이 되어 생명을 통일할 수 있는 준비를 여름에서부터 하는 거예요. 그래서 여름에 금金 기운이 이면에서 만반의 준비를 다 하는 거예요. 그게 금화교역이예요. 가을에 생명을 통일하고 추수하는 것이 워낙 중요하기 때문에 여름부터 통일을 준비하기 위해서 금金기운이 속에서 작용을 하는 겁니다. **그래서 낙서에서 남방에 4·9금을 배치해 놓은 것입니다.**

여러분들이 이 시간이 끝나면, 제가 STB 상생방송에서 『우주변화의 원리』를 강의한 내용 중에서 금화교역에 관한 한 시간 짜리 영상이 있어요. 거기에 제가 금화교역을 다섯 가지로 요약을 해놓았습니다. 자세한 것은 영상을 통해 들으시고 간단히 핵심만 요약해 드리도록 하겠습니다.

금화교역이라는 것은 첫 번째, 가을에 만물의 생명이 통일되고 완성되는 것을 이야기합니다. 두 번째, 그것이 너무 중요하기 때문에 이서남이교통理西南而交通 해서 여름에서부터 가을을 준비하기 위해서 미리 가을 기운이 준비를 하고 있어요. 또 불 기운을 싸 가지고 가을에 7화가 작용을 해요. 그것이 바로 낙서의 정서방正西方에 7화가 있는 모습입니다.

상제님이 성도하신 1901년 신축년 음력 7월 7일 날 일진이 뭐냐하면, 경오일이예요. 경庚은 천간天干에서 일곱 번째에 있고, 오午도 지지地支에서 일곱 번째에 있어서, 7·7의 의미로 칠성도수의 뜻도 있지만, 이게 금화교역이예요. 경9금으로써 오7화를 싼다는 뜻이거든요. 그래서 가을에는 이 7화의 세상이 열린다는 거예요. 그래서 기氣는 동북쪽에서는 수 기운과 목 기운은 바뀜이 없어요. 기운이 왔다갔다 하지 않아요. 이를 정역에서는 '기동북이고수氣東北而固守'라고 했어요.

기는 동북에서 고수固守하시만, 이치는 서남쪽에서 서로 왔다갔다 통한다 하는 것은 여름에서부터 금이 통일을 하기 위해서 미리부터 준비를 한다는 것입니다. 그런데 '이서남이교통'의 진정한 뜻은 가을에 7화의 세상이 열린다는 겁니다. 이게 **칠성도수예요**. 낙서를 보면 서방과 가을에 7이 있잖아요. 불이 여름철에도 작용하지만, 용으로 작용할 때는 그 불이 가을철에서 작용을 하는 거예요.

제가 지난 8월(2008년) 증산도대학교에서도 말씀을 드렸는데 가을이라는 것은 금이 주도적으로 용사하는 때로, 그 체는 금이 되지만, 작용을 할 때는 불로 하는 거예요. 그래서 제가 우리 몸에 삼혼칠백이 있지 않느냐, 간에는 혼이 있고, 폐에는 백이 있는데, 오행으로 얘기할 때 폐는 금이라고 그러죠. 그런데 그 폐 속에 몇 개의 백이 있어요? 7개. 7은 불 아닙니까? 금金 속에서 7화가 용사하는 거예요. 이서남이교통이예요. 가을 세상이 되면 칠성도수에 의해서 광명한 불의 문명이 열리게 된다. 이게 이서남이교통의 진정한 뜻입니다. 그래서 상제님께서 김형렬 성도의 집에 식주인을 정하시며 "대저 무체無體면 무용無用이라. 서酉는 금金인고로 김金씨에게 주인을 정하였노라."(도전 2:15:10)고 말씀하신 것입니다.

가을세상은 체는 금金이지만 용은 화火로 하기 때문에 이 낙서의 서방에 7화가 자리를 잡고 있는 것인데, 상제님께서 "나는 남방 삼리화니라" 하셨고, 상제님의 어진을 홍룡포를 입으신 상제님으로 모셨고, 성전의 휘장이 밖이 붉은 색으로 되어 있는 것 등이 모두 이와 관련이 있습니다. 또 **동쪽의 3목과 서쪽의 7화를 서로 더하면 10이 되어, 10무극 상제님이 봄에는 삼신상제님으로 용사하고 가을에는 칠성 하느님으**

로 용사하시어 창조와 성숙을 주관하시는 모습을 살펴볼 수 있습니다.

금화교역의 깊은 의미는 무궁무진합니다. 금화교역의 나머지 내용은 생략하겠습니다.

하도 낙서의 선후천

다음은 하도 낙서의 선후천에 대해서 말씀을 드리겠습니다. 이제까지 하도 낙서를 공부하는 모든 사람들은 하도가 선천이고 낙서가 후천이라 그래요. 또 그게 틀린 얘기도 아니에요. 하도가 체가 되고, 낙서가 용이 되기 때문입니다.

선후천의 두 가지 개념

선후천이라는 것은 두 가지 개념이 있어요. 선천이라는 것은 현실세계를 창조한 보이지 않는 모태, 근원으로써의 선천의 개념이 있고, 그것이 창조되어 나오면 후천이라 그래요. 아기가 어머니 뱃속에 있을 때를 선천이라 그러고, 뱃속에서 나온 뒤에를 후천이라고 그러잖아요. 저 사람은 선천적으로 재능을 타고 났어. 저 사람은 후천적으로 노력을 해서 성공을 했어. 그럴 때의 선천, 후천이 지금 말하고 있는 선천, 후천인데, 이런 것을 저는 **창조적인 선후천** 또는 **공간적인 선후천**이라는 표현을 씁니다. 이럴 때는 하도가 선천이 되고 낙서가 후천이 됩니다.

그런데 현실 세계를 창조한 근원을 선천이라 하는 것은 지금까지 주역을 공부한 사람들이 일반적으로 하는 이야기로 이제 선천의 시대가 가고 후천세상이 도래한다고 말할 때의 선후천과는 관련이 없습니다. 선후천의 또 다른 개념으로 우리가 살고 있는 이 시간대를 가지고 말할 때, 즉 연월일시를 가지고 선후천을 이야기하면 하루에도 오전은 선천이요, 오후는 후천이 돼요. 한 달을 놓고 보더라도 초하루에서 보름까지는 선천이고, 16일부터 그믐까지는 후천이 돼요. 1년을 놓고 보더라도 봄여름은 선천이 되고, 가을겨울은 후천이 돼요. 우주 1년을 놓고 보더라도 봄여름 전반기는 선천 5만년이 되고, 후반기는 후천 5만년이 됩니다.

그러니까 우리가 일반적으로 말하고 있는 선후천은 시간적인 선후천으로, **순환하는 시간 속에서 먼저 열린 하늘을 선천이라 부르고, 두 번째 열리는 하늘을 후천이라고 하는 것**입니다.

우리가 쓰는 선후천의 개념은 후자를 말하고 있는 것입니다. 『주역』을 연구하는 사람들은 공간적인 선후천, 창조적인 선후천에 초점을 두고 있고, 우리들은 **시간적인 선후천에 초점**을 두고 있는 거예요. 그럴 때는 **낙서가 선천**이 되고, **하도가 후천**이 되는 것입니다.

낙서 선천, 하도 후천의 이법적 근거

창조적인 선후천, 공간적인 선후천을 얘기할 때는 하도가 선천이고 낙서가 후천이지만, 시간적인 선후천을 가지고 얘기할 때는 낙서가 선천이 되고 하도가 후천이 되는 겁니다.

"그렇다고 주장만 하면 됩니까?" "증거를 대야 되지 않습니까?"라고 반문을 할 수 있습니다. 증거를 대보죠. 우리가 선후천을 따질 때, 선천은 양의 시대요, 후천은 음의 시대가 됩니다. 그리고 선천은 상극의 시대요, 후천은 상생의 시대가 됩니다. 선천은 천지비天地否괘가 작용하는 때요, 후천은 지천태地天泰괘가 작용하는 때가 됩니다. 선천은 분열하는 때요, 후천은 통일하는 때입니다.

그런 걸 가지고 살펴보면 낙서가 선천이 되고 하도가 후천이 됩니다. 낙서라는 건 수가 9개가 있어요. 하도는 10개가 있어요. 9는 양수니까 낙서가 선천이고, 10수가 있는 하도는 후천이 돼요. 갯수로 따져봐도 낙서는 양수가 1, 3, 5, 7, 9로 5개, 음수가 2, 4, 6, 8로 4개, 양이 한 개가 더 많아요. 그래서 낙서가 선천이예요.

더해 보더라도 같은 결과가 나옵니다. 1, 3, 5, 7, 9를 더하면 25가 되고, 2, 4, 6, 8을 더하면 20이 돼서 낙서라는 것은 양의 합이 음보다 더 많습니다.

그런데 하도는 음수, 양수의 갯수가 각각 다섯으로 정음정양이지만 음수의 합인 2, 4, 6, 8, 10을 더하면 30이 되고, 1, 3, 5, 7, 9를 더하면 25가 되어서 음의 합이 더 많아요. 그러니까 **후천 세상이라는 것은 음을 바탕으로 한 정음정양의 시대가 되는 겁니다.** 그래서 낙서가 선천이 되고, 하도가 후천이 되는 것입니다.

낙서라는 것은, 수극화, 화극금, 금극목, 목극토, 토극수해서 상극으로 돼 있어요. 그래서 선천이 되고, 하도라는 것은 수생목, 목생화, 화생토, 토생금, 금생수로 상생으로 되어 있기 때문에 하도가 후천이 됩니다. 그리고 하도에서는 1, 2, 3, 4, 5 생수를 양으로 삼고, 6, 7, 8, 9, 10 성수를 음으로 삼아요. 이것은 무형의 기운을 던져주는 하늘이 양이 되고 물질화시키는 땅이 음이 되는 것과 같은 이치로, 생수에 바탕을 두고 성수가 이루어지기 때문에 생수가 양이 되고 성수가 음이 됩니다.

옥재호씨玉齋胡氏는, 주자가 정의한 하도를 약간 변화시켜

"하도河圖는 오생수지양五生數之陽으로 통오성수지음統五成數之陰이라, 1, 2, 3, 4, 5라는 다섯 개의 생수의 양으로 6, 7, 8, 9, 10이라는 다섯 개의 성수의 음을 통솔한다"고 하여 오성수지음이라는 표현을 썼습니다. 생수인 양이 안에 있고 성수인 음이 바깥에 있어요. 그래서 지천태, 천지비를 가지고 얘기하면, 안에 양이 있고 바깥에 음이 있으면 뭐예요? 지천태괘가 나와요. 하도는 지천태의 모습을 나타내고 있습니다.

하도라는 것은 1, 2, 3, 4, 5라는 양이 안에 있고, 6, 7, 8, 9, 10이라는 음이 바깥에 있어서 지천태를 이루고 있어요. 낙서에서는 1, 3, 5, 7, 9 양이 정방에 드러나 있고, 음이 간방에 숨어 있어요. 음이 안에 숨어 있어서 천지비괘를 이루고 있어요. 하도 낙서에서 지천태, 천지비의 상이 나오는 거예요. 그래서 낙서가 선천이 되고 하도가 후천이 됩니다.

그리고 낙서는 5토가 중심이 되어 분열하는 상이기 때문에 낙서가 선천이 되고, 하도는 10토가 있어서 통일하는 상을 나타내고 있기 때문에 하도가 후천이 되는 것입니다.

그리고 낙서라는 것은 양이 정방에 위치해요. 그래서 **선천시대를 음체양용陰體陽用 시대**라 그래요. 양을 위주로 삼아요.

음체양용 시대가 돼서 양이 존귀하고 음이 낮은 양존음비의 시대, 천존지비, 남존여비의 시대가 열리게 됩니다.

그런데 하도에서는 정음정양의 시대지만, 음이 더 바깥에 있고 양이 안에 있어요. 하도에서 음양이라는 것은, 1, 2, 3, 4, 5가 양이 되고, 6, 7, 8, 9, 10을 음으로 따지는 거예요. 그래서 음이 바깥에 있어가지고 여자의 말을 듣지 않고는 남자의 권리를 행하지 못하는 상이 하도에 들어있습니다. 이를 상제님께서는 "**선천에는 음陰을 체體로 하고 양陽을 용用으로 삼았으나 후천에는 양陽을 체體로 하고 음陰을 용用으로 삼느니라.**"(도전 5:21:6)고 하셨습니다.

일원수

낙서의 45수와 하도의 55수를 더하면 100이라는 숫자가 됩니다. **낙서는 봄·여름에 생장하는 상을 나타내고 있고, 하도라는 것은 가을·겨울에 염장하는 상을 나타내고 있어요.** 더하면 100이예요. 100수라는 것은 생장염장의 모든 수, 춘하추동의 전 과정, 생장염장의 전 과정이 들어있는 수가 100수예요. 일원수一元數라고 그러죠. 그래서 우리가 수도修

道를 할 때 백일 수도를 많이 하는데, 백일 수도 속에는 생장염장의 전 과정의 기운을 다 받는다는 의미가 들어 있습니다.

맞물려 돌아가는 상생과 상극

낙서는 비록 선천이지만 가운데 있는 5를 빼고서 더해 보면, 2와 8을 더해도 10이요, 9와 1을 더해도 10이요, 3과 7을 더해도 10이요, 4와 6을 더해도 10이 되어서 낙서는 비록 선천이지만 후천을 지향하고 있습니다. 10수 시대를 지향하고 있어요. 그리고 낙서는 비록 수극화, 화극금, 금극

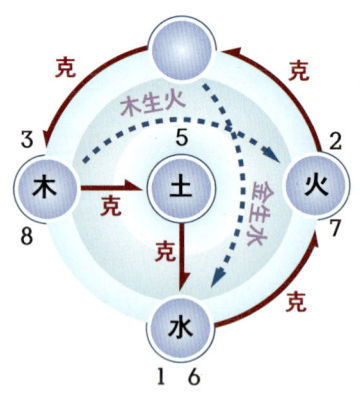

낙서의 상극하는 상. 이면에는 상생의 상이 있다.   하남성 휘현시 소강절 사당의 낙서

목, 목극토, 토극수로 상극하지만 마주보는 것은 상생을 하고 있어요.

마주보는 것은 어떻게 돼 있느냐 하면, 동방이 3·8목이잖아요? 서방이 2·7화잖아요? 그래서 동에서 서로 목생화를 하고, 남방이 4·9금이고 북방이 1·6수잖아요? 그래서 남에서 북으로 금생수를 합니다. 낙서가 겉은 상극으로 되어 있지만 안에는 상생을 하고 있어요. 그래서 상생을 지향하고 있다고 말을 합니다.

그러면 하도는 반대로 돼 있어야 되겠죠? 하도는 좌선하면서 상생을 했어요. 수생목, 목생화, 화생토, 토생금, 금생수, 그런데 4·9금 서방에서 마주보는 동방으로 가면 금극

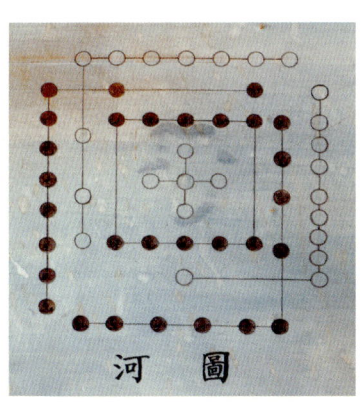

하남성 휘현시 소강절 사당의 하도

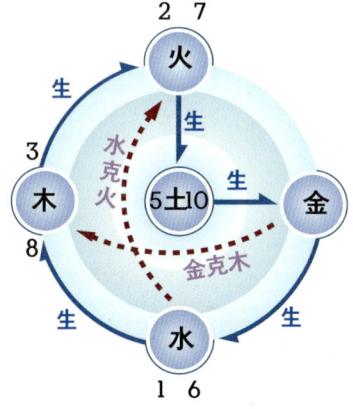

하도의 상생하는 상. 이면에는 상극의 상이 있다.

목하고 있고, 아래에서 위로 올라가면 수극화를 하여 보이지 않는 곳에서는 상극을 하고 있어요. 그래서 하도는 비록 상생을 하지만, 상극이라는 것이 그 이면 속에 들어있습니다.

그래서 문명사적으로 해석을 하면, 선천시대라는 것은 상극이 주도적인 작용을 하지만, 만물을 창조해서 길러오는 과정은 발전이면서 상생의 과정입니다. 후천이 되면 겉에 드러나는 것은 상생의 세상이 주도적으로 작용하지만, 후천이 되어 한번 열매를 맺으면 범접을 할 수 없는 기강이 확립이 되어서 상극이 후천에도 존재하게 되는 거예요. 또 선천세상은 후천을 향해 달려가고 후천이 지나면 다시 선천세상이 도래하는 것처럼 낙서는 하도를 향해 나아가고 하도는 낙서를 향해 나아갑니다.

이처럼 상생, 상극은 맞물려 돌아가는 것이지, 선천은 상극이고 후천은 상생이고, 그렇게 고정되어 있는 것이 아니죠. 상생 속에 상극이 들어있고, 상극 속에 상생이 들어있고, 이렇게 맞물려 순환하고 있는 것입니다.

오행의 순서

사실 하도 낙서라는 게 전부 오행의 원리인데요. 오행의 원리에서 오행의 순서를 이해하는 것이 오행의 개념을 이해하는 데 대단히 중요한 의미가 있기 때문에 오행의 순서를 말씀드려 보겠습니다. 여섯 가지가 있어요. 더 있는데 제가 여섯 가지만 말씀드려 볼께요.

만물창조의 순서-수화목금토

첫째, 1수, 2화, 3목, 4금, 5토라는 것은 1, 2, 3, 4, 5에 따라 수화목금토라는 순서로 되어 있죠? 이건 어떤 순서입니까? 만물 창조의 순서예요. 제일 먼저 물이 생기고, 이어서 불이 생기고, 물과 불이 생기면 합쳐서 목이 생기고, 생하면 죽어야 되니까 금이 생기고, 1수, 2화, 3목, 4금이 돌아가는 과정 속에서 5토가 자화自化합니다. 그리고 실지로 물질도 물이 먼저 생기고, 불이 생기고, 나무가 생기고, 그 다음에 금이 생기고, 토가 마지막에 생기게 돼요. 왜? 물은 우주의 본체이고, 불은 물과 음양 짝이 됩니다. 딱딱하고, 부드러운 걸 순서로 매기면 부드러운 나무가 먼저 생겼다가 딱딱한 금으로 가는 거예요. 그래서 **만물 창조의 순서는 수화목금토**가 됩니다. 옛 사람은 이를 '이질이어기생지서以質而語其生之序'라 했는데 이때는 수목水木이 양이 되고 화금火金이 음이 됩니다.

오행기운의 변화 순서-목화토금수

두 번째, 오행의 기운이 변화하는 순서 즉, 오행기운이 유행流行, 흘러가는 순서는 목화토금수가 됩니다. 계절의 운행은 봄, 여름, 가을, 겨울이죠. 그래서 목화토금수는 뭡니까? 그것은 오행의 기운이 춘하추동에 따라서 유행하는 순서입니다. 목화토금수는 만물이 생겨나서 자라고, 토의 기운을 받아서 꺾어졌다가 금으로 결실하고, 그것이 휴식하면서 봄을 기다리는 순서로, 이는 **오기유행五氣流行의 과정인데 목화토금수**로 오행상생의 순서가 됩니다. 옛 사람은 이를 '이기이어기행지서以氣而語其行之序'라 했는데 이때는 목화木火가 양이 되고 금수金水가 음이 되는데, 봄, 여름이 양이 되고 가을, 겨울이 음이 되는 이치와 같습니다.

오행 상극의 순서, 오운의 순서

셋째, 오행 상극의 순서가 있어요. **오행 상극의 순서는 수화금목토**입니다. 수극화, 화극금, 금극목, 목극토, 토극수, 즉 수화금목토는 오행 상극의 순서입니다.

또 네 번째, 오운의 순서는 갑기토, 을경금, 병신수, 정임목, 무계화, 토금수목화예요. 오운이라는 것은 통일적인 작용을 할 수 있는 신기지물神機之物에서 작용하는 오행의 순서거든요. 신기지물을 이루려면 토라는 것이 먼저 선행이 돼야 돼요. 그래서 **오운의 변화 순서는 토금수목화**가 됩니다.

행성의 순서, 납음오행의 순서

다섯 번째는 하늘에 있는 혹성의 순서는 수성, 금성, 그 다음 지구를 생략하고, 화성, 목성, 토성의 순서로 되어 있어요. 거꾸로 하면 토목화금수가 됩니다. 이것도 중요한 의미가 있는데 만물창조의 근원인 토를 바탕으로 깔고 현실 세계에 목화금수가 펼쳐진 모습입니다.

그 다음에 갑자을축 해중금海中金, 병인정묘 노중화爐中火, 무진기사 대림목大林木, 경오신미 노방토路傍土, 이렇게 나가는 게 있는데요. 이것은 납음오행納音五行이라고 합니다. 소리를 내는 것은 목화토금수 중에서 쇠보다 더 소리를 잘 내는 것이 없어요. 그래서 금으로부터 시작해서 금화목토수의 순서로 돌아갑니다. 이것은 **납음오행納音五行, 소리를 내는 순서로 따질 때의 오행의 순서**가 됩니다.

이처럼 여섯 개의 오행 순서가 있어요. 이거 말고도 또 있어요. 예를 들어 8괘의 생성순서에 따른 오행의 순서는 건금, 태금, 이화, 진목, 손목, 감수, 간토, 곤토가 되어 금화목수토가 됩니다. 이런 것을 알아두는 것이 오행을 공부하는데 굉장히 중요한 의미가 있습니다.

하도 낙서의 순환하는 상

낙서라는 것은 가운데 5를 빼면 마주보는 것의 합이 전부 10이 되어서 후천의 10수 시대 즉, 하도의 시대를 지향하고 있습니다.

그런데 하도라는 것은 각 방위의 숫자를 더하면 전부 양수가 나와요. 이는 거시적으로 하도는 양의 시대 즉, 낙서의 시대를 지향하고 있음을 나타냅니다. 또 방위별로 살펴보면, 1과 6을 더하면 7이 나와서 겨울은 여름을 준비하는 상이 있어요. 머리에서는 벌써 꼬리를 준비하고 있어요. 봄에 3·8목이 작용할 때, 3·8을 더하면 그 상이 11로 나타나잖아요? 그러면 가을이 지나서 생명이 완성, 통일되는 11성도를 목표로 하고 있어요. 만물이 생명이 시작되면 즉, 3·8을 더하면 11이 되듯이 시작에서부터 완성을 준비하고 있습니다. 우리나라는 동방에 위치해 있기 때문에 남북의 분단이 3·8선에서 이루어져 있고, 또 이를 더하면 11이 된다는 것은 십일성도十一成道를 이루는 주체민족이 우리 한민족이 된다는 비의秘意도 여기에 담겨 있습니다.

2·7을 더하면 9가 나옵니다. 9라는 것은 가을의 상수로 여름은 가을을 준비하고 있어요. 이게 금화교역이예요. 이게 '이서남이교통理西南而交通' 입니다. 가을을 준비하고 있어요. 가을은 4와 9를 더하면 13이 나와가지고, 가을은 다음해 봄을 준비하고 있어요. 10+3이 되어가지고, 10은 무극수가 돼서 작용을 하지 않아요. 그러니까 3만 거기서 따져야 됩니다. 10은 극도로 분열되어가지고, 10이라는 것은 정지해 있는 상태가 되기 때문에 우리가 따질 필요가 없어요. 10이라는 수는 0과 같은 수예요. 다음 해 봄을 준비하는 상이 들어 있어요. 그래서 하도 자체를 보더라도, 야~ 이게 순환하는 상을 가지고 있구나. 이런 것도 우리가 알 수가 있어요. 가을의 13의 수에는 이외에도 10+3으로 우주의 가을철에는 10무극의 진리를 동방민족이 결실한다는 의미도 들어있고, 가을의 결실은 그 내용이 동방의 문명, 또는 봄에 발생했던 것이라는 원시반본原始返本의 의미도 들어 있습니다. 하도는 생수와 성수가 짝을 이루어 결합하여 있기 때문에 정靜하고, 또 10개의 숫자로 이루어져 정靜하지만, 각 방위의 숫자를 더하면 기수(1+6=7, 2+7=9, 3+8=11, 4+9=13, 5+10=15)가 되어 동動하므로 절재채씨節齋蔡氏 채연蔡淵(1156~1236)은 하도는 체정용동體靜用動하다고 했습니

다. 낙서는 9개의 숫자로 이루어져 기수奇數로서 동動하나 마주보는 숫자가 모두 10(1+9=10, 2+8=10, 3+7=10, 4+6=10)이 되어 체동용정體動用靜하다고 했습니다.

하도 낙서에 들어 있는 천지일월 사체의 모습

마지막으로 제가 하나만 더 말씀 드리고 첫 시간을 마무리 짓겠습니다. 이 하도 속에는 우주를 통치하고 주재하는 천지일월 사체四體의 모습이 들어 있습니다. 나 자신을 끌고 다니는 건 내 마음이 나를 끌고 다녀요. 육신은 거기에 끌려 다니는 거죠. 그런데 이 대우주를 움직이는 우주 신이 있어요. 그 우주 신은 5토와 10토입니다. 5토와 10토가 상제님, 태모님 자리예요.

그러니까 우리가 우주변화의 원리를 공부할 때 제일 어려운 점이 뭐냐 하면 이 토자리를 이해하는 것입니다. 목화금수가 작용을 해도 토가 생겨요. 또 토에서 목화금수가 나와요. 1, 2, 3, 4를 더하면 10이 되잖아요. 그러니까 **북방의 1수, 남방의 2화, 동방의 3목, 서방의 4금은 하나님의 생명수인 10수가 사방에서 작용**하는 거예요. 하나님의 모습이 동서남북으로 펼쳐지기도 하고, 또 동서남북, 목화금수가 작용하다 보면 그게 토를 자화自化하기도 합니다.

중앙에 있는 5토와 10토를 위주로 살펴보면 상제님의 생명수는 10무극수잖아요. 그리고 태모님은 5토예요. 상제님은 1871년 신미생으로 오셨어요. 미未라는 것이 10을 나타내요. 태모님은 1880년 경진생으로 오셨어요. 진辰은 5토를 나타내요. 그렇다면 중앙에 있는 10토와 5토를 얘기하고 있는 거예요.

그러니까 5토와 10토가 동서남북의 1·6수, 2·7화, 3·8목, 4·9금을 잡아돌리는 생명의 근원 자리예요. 우주는 상제님, 태모님이 주재하고 계시는 거죠. 잡아돌리고 있는 거예요. 그것이 5토와 10토의 모습인 것입니다. 그것이 바로 건곤을 상징하고 있는 것이고, 천지를 상징하고 있는 거죠.

사물화생事物化生의 과정에서 볼 때 가운데 있는 10토가 압축이 되면 5토로 됩니다. 이것이 상제님께서 태모님에게 도맥을 전수하시는 거예요. 그러면 상제님, 태모님의 모든 정신의 정수가 5토의 중앙점인데 이것이 북방에 와서 자리를 잡게 됩니다. 그것이 태극제의 자리예요. 그래서 태모님의 도맥을 계승해서 태극제 대두목이 인사로 오십니다.

그러면 수水라는 것은, 그 음양짝이 뭐냐면 불이 되는 거

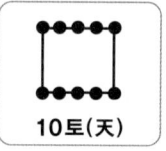		○	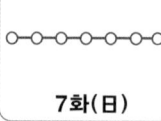
10토(天)	5토(地)	1수(月)	7화(日)

하도에 들어있는 천지일월 사체

예요. 우리가 2화라고 하지만, 물은 체를 위주로 얘기하기 때문에 1수라고 많이 쓰고, 불이라는 것은 용하는 자리이기 때문에 용수를 위주로 써서 7을 가지고 얘기하는 것이 옳지, 2를 가지고 얘기하면 조금 거리감이 있습니다.

그래서 **물이라는 것은 불과 짝을 이루어서 이 현실 세계를 움직이는 주체가** 되는 겁니다. 그러면 수화라는 것을 천체를 가지고 얘기하면 태양과 달이고, 주역으로 얘기하면 감리가 되는 거예요. 그러면 이 하도 속에 건곤감리의 모습이 다 들어있는 거예요. 그리고 도맥은 상제님, 태모님과, 물과 불의 기운을 가지고 오시는 두 분의 지도자로써 전개가 되는 모습이 하도 속에 다 들어있는 거죠. 그러니까 이 하도 속에 얼마나 무궁무진한 진리가 들어있는가 하는 것을 알 수 있습니다.

이법이 심법에 우선한다

마지막으로 성구 하나만 살펴보고서 매듭을 짓겠습니다. 5편 282장의 응수조종태호복 구절과 그 밑에 있는 해석을 같이 읽어보도록 하겠습니다.

應須祖宗太昊伏인댄 何事道人多佛歌오
_{응수조종태호복   하사도인다불가}

**마땅히 선천 문명의 조종祖宗은 태호 복희씨인데
웬일로 도 닦는 자들이 허다히 부처 타령들이냐!**

선천 문명은 태호 복희씨로부터 나왔다고 하셨는데, 태호 복희씨가 내놓은 문명의 문서가 뭐냐 하면, 하도 낙서와 주역입니다. 그리고 하도 낙서라는 것은 음양 오행의 이치가 담겨있는 우주원리입니다. **음양 오행과 주역의 우주원리가 인류 문명의 뿌리가 되는 것인데, 바로 이법입니다. 우주원리는 이법理法이죠.** 이법이 진리의 세계에서 제일 먼저 나왔는데 왜 뒤에 나온 심법心法이나 기타의 것을 따지고 있느냐는 말씀입니다. 불교는 심법만을 따져요. 왜 심법 타령만 하고 있느냐? 심법도 중요하지만 **이법이 심법보다 더 중요하고 먼저 배워야 된다는 것입니다.**

원시반본의 이치에 따라 지금 증산도에서는 이법을 체계적으로 가르치고 있습니다. 이 지구촌에서 이법을 가르치는 곳은 우리 증산도 밖에 없어요. 이것이 원시반본이죠. 이런 의미가 들어있는 겁니다.

이법이라는 것이 뿌리 문명, 뿌리 철학이 되는 것이고, 그리고 이법이 심법보다 우선하는 것입니다. 그것을 먼저 배워야 되고, 그것을 내놓은 분이 태호 복희씨입니다. 그래서 선천의 문명은 태호 복희씨에 의해서 시작된 것입니다.

상제님께서는 또 "현세의 복희가 갓 쓴 사람 아래 있으니 박람박식이 천하무적이니라."(도전 6:9:6)고 말씀하셨는데 이것이 무엇을 의미하는지 깊이 생각해보시기 바랍니다. 하도 낙서에 대한 총론과 각론에 대한 설명을 여기서 마치도록 하겠습니다. 감사합니다.

①
②	③

❶ 산동성 제녕시 미산현의 복희묘. 뒤에 있는 산이 획괘산이다. 대전아래에 능이 있다고 하는데 환단고기에서 말하는 복희릉이다.
❷ 복희묘의 복희상. 인륜과 문명이 복희씨로부터 시작되었다.
❸ 복희묘의 복희상. 팔괘도 아래에 있는 것이 곡척曲尺(원 안)인데 복희의 상징물이다.

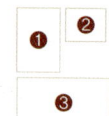

❶ 하북성 신락시 복희묘회 때 _를 하는 필자. 묘회는 음_ 18일에 열리는데 20여 만 인파가 몰린다.
❷ 신락시 복희묘 정전
❸ 복희묘회 주관자들의 단체사_

❶ ❶ 하남성 회양현 복희묘 안에 있는 복희릉. 천하제일릉天下第一陵이라 칭한다.
❷ ❷ 천하제일묘天下第一廟라 일컫는 복희묘의 복희상. 좌우의 인물은 주양朱襄과 호영昊英이다. 회양현은 이전의 진陳땅으로 복희씨가 도읍했던 곳이다.

❶ 용마부도사에 있는 하도와 복희팔괘도를 결합한 도상
❷ 회양현 복희릉 앞에 있는 태극도와 팔괘상

❶ 천수시 괘대산의 복희묘
❷ 하남성 낙양시 왕성공원. 하도 낙서가 새겨져 있다.

❶ 감숙성 천수시
   괘대산의 복희상
❷ 하도와 복희팔괘도를
   결합한 그림
❸ 복희묘의 용마 벽화.
   용마에 날개와 비늘이
   달려 있다.
   오른쪽은 신귀 벽화이다.

❶ 하남성 낙양시 맹진현의 용마부도사
❷ 용마부도사의 용마상

2부
팔괘 八卦

팔괘八卦

우주변화원리의 체용공부

안녕하세요. 우리가 우주변화원리를 공부한다고 할 때 그 대상이 뭐가 되느냐 하면 이 우주의 근본법칙인 음양오행陰陽五行입니다. 무극無極에서 태극太極이 나오고 태극太極이 음양陰陽으로 분화하고, 음양陰陽에서 사상四象으로, 오행五行으로, 육기六氣로, 팔괘八卦로 분화해 갑니다. 우리가 **변화작용**을 파악하기 위해서는 **음양陰陽, 사상四象, 오행五行, 팔괘八卦**로 펼쳐져 나간 것을 탐구합니다. 이것은 용用공부에 해당됩니다. 그런데 팔괘八卦에서 오행五行으로, 사상四象으로, 음양陰陽으로, 태극太極으로 그리고 무극無極으로 들어가는 것은 근본과 본체와 본원을 탐구해가는 과정이 됩니다. 이것은 체體공부가 됩니다.

음양오행과 수, 괘, 간지의 관계

음양오행陰陽五行이라는 것은 우주의 근본법칙인데, 이런 근본법칙을 연구하기 위해서 우리는 첫째로 **수**數에 대해서 **공부**를 해야 됩니다. 모든 진리는 숫자 속에 담겨져 있기 때문이죠. 그래서 1부에서 **하도 낙서**河圖洛書에 대해 설명을 드린 것입니다.

그 다음에 **음양오행의 상상**象을 파악해야 되는데, 이것은 팔괘八卦와 육십사괘六十四卦에 이 상상이라는 것이 가장 잘 드러나게 됩니다. 그래서 다음으로 **팔괘와 육십사괘**를 공부해야만 합니다.

그리고 또한 **음양오행이 변화하는 덕성**德性**을 구체적으로 파악**을 하기 위해서는 **십간십이지**十干十二支를 활용하게 됩니다. 십간십이지는 특히 오운육기五運六氣를 파악하기 위해 활용하고 있는데, 오운육기는 십간십이지를 바탕으로 하고 있어요. 따라서 우주의 근본법칙은 음양오행인데 이 음양오행을 연구하기 위해서 수상數象을 연구하고 괘상卦象을 연구하고 그리고 간지干支를 연구해야 되는 겁니다.

괘卦의 의미

 오늘 이 시간에는 괘상卦象에 대해서 살펴보도록 하겠습니다. 卦(괘)라는 것은 掛(괘)라는 글자에서 나온 거죠. 이 괘卦라는 것은 걸 괘掛 자에서 손 수手 변을 빼버린 글자입니다. 괘卦라는 것은 걸고 있다는 뜻이죠. 무엇을 걸어 놓고 있느냐? 그건 상象을 걸어 놓고 있다는 것입니다. 또는 이치를 걸어놓고 있다는 뜻입니다. 이 괘卦 속에는 상象을 걸어 놓고 있는데, 우리가 팔괘의 상象을 볼 때 건괘乾卦 하면 이것은 끊임없이 동하는 모습, 아주 충만된 모습이고, 곤괘坤卦 하면 안정된 모습, 모든 것을 포용하는 모습인 상象이 들어 있어요. 그러니까 이 음양오행 공부는 암기식 공부는 결코 아닙니다. 자꾸 이것을 많이 듣고 느끼고 생각을 해서 깨달아야 됩니다. 곤坤은 지구입니다. 흙입니다. 이러면 사실 이해가 잘 안 되는 거예요. 곤坤이라는 것은 만물을 포장하는 어머니의 덕성을 가지고 있습니다. 이 지구 속에 인간도 식물도 동물도 광물도 전부 수용해 있지 않습니까? 이렇게 이해하면 곤坤을 제대로 이해를 한 거죠. 곤坤을 단순히 지구, 흙이라고만 한다면 이해가 잘 안 된 거예요. 곤坤은 모든 걸 수용하는 어머니의 덕성을 상징하고 있는 거예요. 그러니까 괘라는 것은 상象을 걸고 있고 또한 이치를 걸고 있는 것입니다.

상象을 공부하는 과정

수상數象

 상象을 공부하는 3단계라고 해서, 『우주변화의 원리』를 보면 제일 먼저 우리가 수상數象을 공부해야 된다, 이렇게 되어 있죠. 수상數象이라는 것은 상象을 공부하는 기본이예요. 우리가 백묵을 보고 양효陽爻처럼 생겼네요, 흰색이네요 등등 하면서 여기에서 우리가 숫자를 붙일 수가 있는 거예요. 머리를 보면 머리는 하나인데요. 머리 둘 달린 사람 없잖아요. 하늘도 하나인데, 하늘이 끝이 있는가? 하늘은 아무리 봐도 동양의 하늘이나 서양의 하늘이나 하나예요. 이 하늘을 상징해서 머리가 생겼는데, 하늘도 하나이고 머리도 하나인 것입니다. 땅은 바다와 육지로 되어 있단 말이예요. 그런데 이 다리라는 것이 그것을 상징하고 있어요. 그래서 다리는 둘로 되어 있어요. 그러면서 발 자체가 네모나게 되어 있어요. 우리가 천원지방天圓地方이라는 말을 쓰는데, 하늘은 둥글고 땅은 네모나다는 뜻입니다. 이것을 본받아 머리는 둥글고 발은 네모나게 생겼습니다. 발을 보면 사각형으로 생겼잖아요. 직사각형으로 생겼습니다. 그러면 그 속에서 숫자가 나와요. 머리에서 하나라는 것도 유추할 수 있고, 셋이라는 것도 유추할 수 있어요. 원이라는 것은 지름을 1이라고 할 때 둘레는 3.14배가 되잖아요. 이 비율이 3대 1이죠. 지름의 비와 둘레의 비라는 것은 1대 3이 됩니다. 3.14에서 0.14를 생략하면 3이라는 숫자가 나오게 됩니다. 또 사각형의 둘레는 4인데 음은 둘을 하나로 하기 때문에 4 나누기 2하면 2가 나와 땅의 숫자 2가 나오게 됩니다. 이런 것으로 수상數象을 파악합니다. 이처럼 숫자는 상象의 기본입니다. 상象을 연구하는 기본이에요. 하나, 둘, 셋, 넷, 다섯, 여섯, 일곱, 여덟, 아홉, 열이라는 이 숫자 자체가 전부 이치를 담고 있어요. 이런 것을 우리가 공부해야 되는데 하도 낙서를 통해서 알 수 있고, 안경전 종도사님께서 지으신 『개벽실제상황』에 그것을 잘 정리해 놓으셨습니다.

괘상卦象

수상 다음에는 괘상卦象을 공부해야 돼요. 수상數象을 공부하고 괘상卦象을 공부하는 목적은, 수상數象은 상象의 기본이 되는 것이고 괘상卦象이라는 것은 물상物象을 연구하는 기본이 되는 거예요. 건괘乾卦라는 것은 우리의 머리하고 같은데요. 머리가 꽉 차 있고 둥글고, 곤괘坤卦는 모든 것을 수용하는데 우리 몸에서 모든 것을 수용하는 곳은 배예요. 횡격막 아래에 있는 이 뱃속에는 창자라든가 간장이라든가 신장이라든가 이런 모든 것을 수용하고 있어요. 그래서 이 상象을 보면 그런 걸 유추할 수 있거든요. 그래서 물상物象을 연구하는 바탕을 이루는 것이 괘상卦象입니다. 물상物象하고 좀 비슷하다는 말이예요. 따라서 괘상은 물상物象을 연구하는 기본이 됩니다.

물상物象

이런 기본 실력을 갖춘 뒤에 우리는 물상物象을 연구하는 거예요. 물상物象은 자연계에 있는 만물의 이치를 파악하는 거예요. 그냥 파악이 안 되니까 먼저 수상數象을 공부하고 괘상卦象을 공부한 뒤에 그것을 응용해서 물상物象을 연구하는 거죠.

팔괘 공부의 중요성

이 장의 주제가 팔괘인데요. 괘상卦象이라는 것은 팔괘와 육십사괘를 공부하는 건데, 육십사괘는 주역의 전문분야가 되므로 여기서는 팔괘에 대해서만 말씀드리도록 하겠습니다. 먼저 도전 10편 35장의 말씀을 한번 읽고 들어가도록 하겠습니다. 1절과 2절을 같이 한번 읽겠습니다.

> **✱ 상제님께서 성도들에게 "장차 도통道通은 건감간진손이곤태乾坎艮震巽離坤兌에 있느니라." 하시거늘 류찬명이 앉아 있다가 큰 소리로 '건감간진손이곤태'를 한 번 읽고 밖으로 나가니라.**

상제님께서는 도통道通은 건감간진손이곤태乾坎艮震巽離坤兌에 있다고 하셨습니다. 그러면 도대체 도통道通이 팔괘八卦에 있다는 것이 무슨 뜻이냐 이거예요. 종도사님께서도 여러 번 말씀해 주셨지만 이것은 이법理法을 통하는 것입니다. 그런데 이 팔괘라는 것은 이치도 들어 있을 뿐만 아니라 여기에 상象도 들어 있는 거예요. 팔괘 속에는 이치도 들어 있고 상도 함께 들어 있습니다. 하도 낙서 속에는 숫자만 들어 있어요. 그렇지만 이 팔괘의 상象속에는 음양오행의 이치도 다 들어 있고 상象이 들어 있어요. 우리가 상象을 정의 내릴 때 볼 수 있는 사람은 보지만 볼 수 없는 까막눈을 가진 사람은 못 보는 것이며, 무형이 유형으로 전환하는 과정 속에 있는 것이며, 천지의 법칙을 드러내고 있는 것을 상象이라고 이야기 합니다. 그러니까 우리가 팔괘를 이해할 때 팔괘의 이론공부에만 그치지 않고 이 팔괘의 상象 자체를 현실 사물 속에서 포착할 수 있는 능력을 갖는다면 그건 도통道通의 경지죠. 어떤 사물을 보았을 때, 이것은 건乾의 상象을 갖고 있다, 저것은 곤坤의 상象을 갖고 있다고 바로 파악할 수 있다면 벌써 이런 사람은 반도통의 경지는 간 거라고 볼 수 있겠습니다.

그리고 건감간진손이곤태乾坎艮震巽離坤兌라는 것은 문왕팔괘의 순서입니다. 그러니까 상제님의 말씀이라는 것은 무궁무진하기 때문에 우리가 깊이 생각을 해야 되는 거예요. 상제님께서, '도통道通은 건감간진손이곤태乾坎艮震巽離坤兌에 있느니라.' 팔괘에 있다고 하셨는데 도대체 이 말씀이 무슨 의미를 가지고 있는가를 다양하게 생각해봐야 합니다. 문왕팔괘라는 것은 상극팔괘도相克八卦圖예요. 상극相克을 나타내는 팔괘도八卦圖입니다. 그러니까 상극相克을 많이 겪은 사람, 고난과 역경을 많이 겪어 극克을 많이 받은 사람이 도통이 크게 열릴 수가 있다, 이렇게도 우리가 생각을 해볼 수가 있습니다.

팔괘의 유래에 대한 세 가지 설

이 팔괘라는 것은 태호 복희씨가 처음으로 그렸습니다. 그런데 이 팔괘가 어디에서 나왔느냐 하는 것에 대해서 세 가지의 설이 있습니다. 어제 말씀드렸듯이 태호 복희씨가 하도河圖를 받고서 그 하도河圖에서 가운데 있는 5와 10, 이 것은 토土 자리로 보이지 않는 자리이기 때문에 제외를 하고, 나머지 여덟 자리를 가지고 팔괘를 그렸다는 것입니다. 나머지의 여덟 자리는 북방의 1·6수, 남방의 2·7화, 동방의 3·8목, 서방의 4·9금인데 중앙의 5토, 10토의 기운이 모두 녹아 들어가 있습니다. 그러니까 그것을 제외하고 바깥에 있는 여덟 개의 모습을 보고 팔괘로 그렸다고 하는 것입니다. 즉 하도河圖에서 팔괘가 나왔다 하는 것은 일반적인 얘기입니다. 이것이 **칙하도획괘설**則河圖劃卦說인데 복희씨께서 하도를 보고 이를 본받아서 팔괘를 그렸다는 설입니다.

다음으로 **앙관부찰설**仰觀俯察說이 있는데, 이는 하늘을 우러러보고 땅을 굽어봐서, 천지간에 있는 모든 만물의 모습을 보니까 여덟 가지 모습으로 귀납이 되더라는 것입니다. 이것은 『주역』「계사전繫辭傳」 하下에 나오는 건데 원문을 보면 "고자포희씨지왕천하야古者包犧氏之王天下也에 앙즉관상어천仰

則觀象於天하고 부즉관법어지俯則觀法於地하며 관조수지문觀鳥獸 之文과 여지지의與地之宜하며 근취저신近取諸身하고 원취저물遠 取諸物하야 어시於是에 시작팔괘始作八卦하야 이통신명지덕以通 神明之德하며 이류만물지정以類萬物之情하니라."라고 되어 있습 니다. 이처럼 분명히 주역을 보면 복희씨가 하늘을 우러러 보고 땅을 굽어보고 천지간에 있는 동물과 식물 등을 다 관 찰하고, 내 몸에서도 관찰하고 바깥 사물에서도 관찰해서 여덟 가지로 요약을 해서 팔괘를 그렸다는 것인데 이것이 **앙관부찰설**仰觀俯察說입니다. 우러러보고 내려보고 해서 천지 간에 있는 만물을 8가지로 귀납해서 팔괘를 그렸다는 것입 니다.

셋째로 팔괘가 나온 원리를 일생이법一生二法으로 설명을 하는데, 태극이 음양을 생하고 음양이 사상을 생하고 사상 이 팔괘를 생하며 이러한 과정을 통해서 팔괘가 나왔다는 것입니다. 하나가 둘을 생生하는 이러한 원리를 일생이법설 一生二法說이라고 합니다. 팔괘가 그려진 것에는 이처럼 세 가 지 설이 있습니다. **일생이법설**一生二法說에 대해서 살펴보면 우주의 본체가 태극太極이예요. 그런데 이 태극太極이라는 것 은 작용을 할 때 음陰과 양陽으로 작용을 해요. 『주역周易』에 "일음일양지위도一陰一陽之謂道라"라는 말이 있어요. 일음일양지위도一陰一陽之謂道라는 것은 '**한번 음陰작용을 하고 한번 양陽작용을 하는 것을 도道라고 얘기한다.**' 이렇게 해석해도 틀리는 건 아니지만 가장 정확한 해석은 '한번 음陰작용을 하게하고 한번 양陽작용을 하게 하는 그 태극의 본체를 도道라고 한다.' 이것이 더욱 정확한 해석이라고 할 수 있습니다. 밤이라는 것을 있게 하고 낮이라는 것을 있게 하는 그 근원의 본체자리를 도道라고 한다, 따라서 태극이 곧 도道가 됩니다. 낮에는 양陽운동을 하고 밤에는 음陰운동을 하는 이런 것이 자연이 변화하는 음양의 질서이며, 그것을 자연이 흘러가는 길이라 한다고 해석해도 틀렸다고 보긴 어렵지만, 태극의 운동 자체가 한번은 양陽의 세계를 만들어내고 한번은 음陰의 세계를 만들어 낸다고 해석을 해야 이 도道를 태극太極이라고 해석하는 데 가깝습니다. 한번 음陰이 되게 하고 한번 양陽이 되게 하는 것을 도道라고 얘기한다. 그러면 이 태극이라는 것은 한번은 밤을 만들고 한번은 낮을 만들어 현실세계 속에 음陰의 세계와 양陽의 세계를 만들어내요. 그런데 양陽이라고 했을 때 이 양陽 자체에도 또 음양이 있고 음陰 속에 또 음양이 있어요. 그것을 우리가 음양의 분용성分容性이라고 얘기를 합니다. 남자는 양陽이고 여자는 음陰이라고 할 때, 남자한테는 음陰이 없나요? 정신과 육체로 되어 있어서 정신은 양陽이고 육체는 음陰이 된다고 얘기할 수 있잖아요. 그러니까 음과 양 속에 음양이 또 있는 거예요. 분화된 거기에서 또 음양, 또 음양, 또 음양으로 계속 분화되어 나가는 거거든요. 끝이 없는 거거든요. 그러니까 이 양 속에도 음양이 있는 거예요. 이 양[━]이 다시 태극이 되어가지고 음양운동을 하기 때문에 이것[━]을 바탕에 깔아 놓고서 양陽운동을 하고 음陰운동을 하는 거예요. 음[--]도 이것[--]이 태극이 되어 다시 양陽운동을 하고 음陰운동을 하게 되는 거예요. 그때는 태극에서 분화된 양[━] 또는 음[--]이 태극이 되는 거예요. 양 또는 음이 태극이 돼서 양陽과 음陰으로 분화하는 거죠. 그래서 우리가 앞에서 공부했듯이 양중지양[⚌]을 태양太陽이라고 하고 양중지음[⚍]을 소음少陰이라고 하고 음중지양[⚎]을 소양少陽이라고 하고 음중지음[⚏]을 태음太陰이라고 합니다. 사상의 위수位數, 자릿수라는 것은, 태양은 첫 번째 자리이기 때문에 태양지위太陽之位는 일一이 되고, 소음지위少陰之位는 이二가 되고, 소양지위少陽之位는 삼三이 되고, 태음지위太陰之位는 사四가 된다는 것을 말씀 드렸어요. 그 다음에는 이 태양[⚌] 자체가 다시 태극이 되는 거예요. 이것이 태극이 되어가지고 다시 음양운동을 해요. 그러면 이것[⚌]을 바탕에 깔아 놔야죠.

이처럼 사상을 바탕에 깔아 놓고 다시 양陽과 음陰운동을 하면 여기에서 팔괘가 나오게 되는 것입니다. 그래서 이 팔괘라는 것은 일생이법一生二法, 즉 태극이 음양을 생하는 법칙에 의해서 나온 건데, 세 번 변해서 나오게 됩니다. 태극의 음양이 삼변三變을 해서 나오게 됩니다.

태극은 음양으로 작용을 하지만 분화가 안 됐어요. 태극이라는 것은 2^0으로 1이라고 합니다. 일태극一太極이에요. 양[━]과 음[━ ━]은 하나로 분화했어요. 그래서 음양이예요. 사상은 효가 두 개잖아요. 둘로 분화를 하면 이처럼 네 개가 나오는 거예요. 여기서 다시 분화하면 3효로 이루어진 팔괘가 나오는데 이처럼 태극이 삼변三變을 해서 팔괘가 나오게 됩니다.

2·4·6·8·10은 지수地數로 땅수인데요. 우리가 수數에다가 적당한 명칭을 붙이면 굉장히 재미가 있어요. 2라는 것은 음陰의 기본수라고 얘기하고, 4라는 것은 음陰의 기본작용수라고 얘기하며, 8이라는 것은 음陰의 완성수라고 얘기합니다. 음이 2·4·8로 전개되는 것에 반해 양은 1·3·9로 발전해 나갑니다. 1은 생명의 근원수가 되고, 3은 양의 기본수이면서 창조의 기본수가 되고, 9는 분열의 최대수가 됩니다. 이 중 동방의 생수이며 양의 기본작용수인 3

과 서방의 생수이며 음의 기본 작용수인 4, 두 개를 더하면 7이 돼가지고 칠성도수七星度數가 나오게 됩니다. 또 8이라는 것은 음이 완성된 숫자예요. 그러면 우리 몸에서 음陰 자리는 정신과 육체에서 정신이예요, 육신이예요? 육신이죠. 그 육신이 완성된 수가 됩니다. 육신이 완성된 그 몸을 뭐라 그래요? 신선神仙이예요. 그래서 이 8이라는 것을 신선神仙의 수數다, 이렇게 얘기하는 거예요. 왜? 음陰인 육신이 완성이 됐기 때문입니다.

문왕팔괘의 팔간

문왕팔괘에서도 간艮에 숫자를 붙이면 무슨 숫자가 나와요? 8이 돼요. 여러분들이 오늘 팔괘의 기본 이론과 삼역괘도三易卦圖를 공부하려면 삼역괘도 정도는 다 외우고 있어야 하거든요. 삼역괘도에서 각각의 팔괘가 어디에 위치하고 있는지, 각 괘에 무슨 숫자가 배합되어 있는지 다 알고 있어야 돼요. 복희팔괘는 일건천一乾天 이태택二兌澤 삼리화三離火 사진뢰四震雷 오손풍五巽風 육감수六坎水 칠간산七艮山 팔곤지八坤地로 되어 있어요. 이것의 순서와 위치도 알고 있어야 하고 문왕팔괘도 순서를 알아야 하는데, 일감一坎 이곤二坤 삼진三震 사손四巽 오중五中 육건六乾 칠태七兌 팔간八艮으로 되어 있어 팔八이 간艮이에요. 그래서 **간방에 위치하는 우리 한반도가 신선의 고향입니다.** 신선의 원뿌리가 되는 곳이고 신선 도수는 우리 민족에 의해서 완성되는 거예요. 그리고 팔간八艮 다음이 구리九離 그런 것 정도는 외우고서 이 자리에 참석을 해야지 그걸 못 외우고 있으면 제가 얘기하는 것을 이해하기가 어렵습니다.

8	7	6	5	4	3	2	1		
곤	간	감	손	진	리	태	건	팔괘	$2^3=8$
☷	☶	☵	☴	☳	☲	☱	☰		
4		3		2		1			
태음[☶]		소양[☴]		소음[☱]		태양[☰]		사상	$2^2=4$
음 [--]				양[—]				음양	$2^1=2$
☯								태극	$2^0=1$

정역팔괘의 팔간

그 다음 정역팔괘正易八卦에서는 일손一巽 이천二天 삼태三兌 사감四坎 오곤五坤 육진六震 칠지七地, 그리고 정역팔괘에서도 팔간八艮이예요. 팔간삼태八艮三兌가 동서에 위치하잖아요. 그 간艮은 팔八을 주장 해요. 팔간八艮 구리九離 십건十乾, 이런 것은 우리가 기본으로 암기를 하고 있어야 됩니다. 문왕팔괘도와 정역팔괘도에서 우리나라에 속하는 간艮에 모두 8이라는 숫자가 붙는 것은 선仙과 관련되어 대단히 중요한 의미가 있는데, 이와 관련하여 상제님께서는 1908년 무신년 섣달에 서울로 공사를 보시기 위해 길을 떠나시며 "조선이 팔도니라.(도전 5:335:4)"고 하셨습니다.

팔괘라는 것은 태극이, 또는 음양이 삼변三變을 해서 이루어지는데 우주의 바탕 이치인 태극과 음양이 삼변성도三變成道 해서 이루어진 것이 팔괘가 되며, 4정방正方과 4간방間方의 팔방에 배치되어 천지자연과 변화원리를 함축하여 드러냅니다.

효爻의 의미

이어서 효爻에 대해서 살펴보도록 하겠습니다. 우리가 양효陽爻를 이렇게[—] 그리고요 음효陰爻를 이렇게[--] 그리고 있어요. 그러면 이것은 무슨 의미가 있는가? 제가 네 가지 정도로 설명을 드려보겠습니다. 첫째, 양陽이라는 것은 하나를 상징하고 음陰은 둘을 상징한다는 거예요. 양효陽爻의 갯수가 하나이고 음효陰爻의 갯수가 둘인 것은 양은 하나를 하나로 삼고 음은 둘을 하나로 삼는다는 뜻도 있습니다.

또 양효와 음효의 비율이, 양효를 3이라고 할 때 음효는 가운데가 비어있어 2가 되는데, 양은 3을 기본으로 하고 음은 2를 기본으로 한다는 뜻도 들어 있습니다. 둘째, 양陽의 성질이라는 것은 삿된 것이 섞이지 않았어요. 기운이 아주 순수해요. 그래서 양陽의 성질은 끊임없이 움직이고 있어요. 성질이 전일全一해서 끊임없이 동動하고 있어요. 그런데 음효는 둘이 조화를 이뤄가지고 정지해 있는 모습이에요. 양효[━]는 양陽의 성질이 전일全一해서 끊임없이 동하여 자강불식自彊不息하고 있으며, 음효[--]는 고요하게 휴식하고 있으며 안정된 모습이 들어 있어요. 셋째, 양陽의 성질이라는 것은 부족함이 없이 기운이 가득 차 충만되어 있고 음陰이라는 것은 가운데가 비어 있잖아요. 가운데가 끊어져 있잖아요. 그래서 음陰이라는 것은 부족하다, 부족하다고 하면 부정적인 어감이 있을 수 있으니까, 음陰이라는 것은 양陽의 기운을 수용할 수 있도록 텅 비어 있다, 이렇게도 얘기할 수가 있는 거죠. 양효는 기운이 충만되어 있고 음효는 기운이 텅 비어 있어요. 양효는 충만되어 기운을 발산하려 하고 음효는 비어 있어 양의 기운을 수용할 수 있는 포용력을 가지고 있다고 말할 수 있습니다. 그 다음 네 번째는, 양효는 움직이면 아주 강력한 힘이 나옵니다. 그래서 양효는 강건하다, 아주 강력하고 씩씩한 모습이 들어 있고, 음효는 유순柔順하고 단정端整하다, 부드럽고 순종하며 단정한 모습을 갖고 있어요. 이런 것을 취상해가지고 양효陽爻는 이어진 모습으로 그리고 음효陰爻는 끊어진 것으로 그리게 된 것입니다. 이것을 우리 인체에서 또는 모든 동물에서 상징화되어 있는 것이 남녀의 생식기라고 얘기할 수 있어요. 양陽의 생식기라는 것은 양효陽爻의 모습을 담고 있고 음陰의 생식기라는 것은 음효陰爻의 모습을 담고 있어서 음陰과 양陽을 대표하는 상징이라고 말씀을 드릴 수가 있습니다.

팔괘의 기본 원리

건乾

그러면 기본 팔괘에 대해 말씀을 드려보겠습니다. 건乾[☰]이라는 게 있어요. 이 건乾이라는 것은 양효陽爻가 본중말本中末 운동을 하며 시중종始中終 운동을 하는 거예요. 우리가 시간적으로 얘기할 때 시중종始中終이라 하고, 공간적으로 얘기할 때 본중말本中末이라고 얘기해요. 건괘는 본중말本中末과 시중종始中終 운동을 하는 것이 전부 양陽이에요. 그러니까 이 건괘가 상징하는 것은 아주 충만된 기운을 가지고 끊임없이 움직이는 거예요. 그 기운이 건괘에 상징이 되어 있는 거죠. 그리고 양陽의 기운을 온 천하에 가득 뿌리는 거예요. 양기운陽氣運을 온 천하에 충만하게 하고 있어요. 건괘를 보면 그런 것이 보여야 돼요.

곤坤

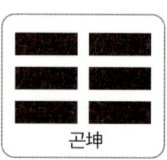

그 다음에 이 곤괘坤卦를 보면 이렇게[☷] 끊어져 있어요. 음효陰爻가 시중종始中終 본중말本中末 운동을 해요. 곤坤이라는 것은 가운데가 텅 비어가지고 모든 것을 수용해요. 자식이 응석을 부리고 망나니짓을 하고 속을 썩여도 어머니가 모든 것을 다 수용하듯이, 텅 빈 마음을 가지고 포용을 하는 그러한 모습이 곤괘坤卦 속에 들어 있는 것입니다. 그래서 건괘乾卦는 상제님 자리요, 곤괘坤卦는 태모님 자리예요. 태모님께서 차경석 성도가 예문을 설치하고 뒷방에 감금하다시피 해도 시비를 걸지 않으시고, 또 조종골에서도 강씨들이 분란을 지어도 태모님께서 참으셨는데 모든 것을 수용하는 어머니의 덕성을 볼 수가 있습니다. 그런데 양효와 음효를 비율로 따지면 음효는 중간이 비어 둘이고 양효는 중간이 차있어 셋이 됩니다. 수리철학에서 1은 창조의 기본수가 되고 양陽의 기본수는 3이며 음陰의 기본수는 2입니다. 숫자로 표시하면 하나의 양효는 3이 되고 하나의 음효는 2가 됩니다. 건괘는 3개의 양효로 되어 있기 때문에 3곱하기 3하면은 9가 되어 건괘는 9수로 대표되고, 곤괘는 2곱하기 3하면은 6이 되어가지고 곤괘는 6수로 나타납니다. 그런데 하도를 보면 중앙에 5와 10이 있어 상제님의 수는 10이요 태모님의 수는 5가 되는데, 이것은 천지부모의 체수體數가 되는 거예요. 더하면 15죠. 그것이 작용을 할 때는 9와 6으로 드러나는 거예요. 태양太陽 9와 태음太陰 6으로 드러나는 거예요. 상제님과 태모님 천지 부모님의 숫자인 5와 10을 더해서 15가 되는 것은 체가 되는 것이고 그것이 현실적으로 작용을 할 때는 9와 6으로 작용을 해요. 더하면 역시 똑같은 15가 되는 것입니다. 하도河圖에서 중심수가 5토土와 10토土였어요. 더하면 15죠. 그 15가 동서남북을 이루고 춘하추동을 다 잡아 돌리는 거예요. 천지 속에는 천지부모님의 기운이 가득 차 있는 거예요. 그런데 낙서에서 보면 가로 세로 대각선으로 전부 더해도 15가 나와요. 세로의 2·7·6, 9·5·1, 4·3·8, 가로의 4·9·2, 3·5·7, 8·1·6, 그리고 대각선의 2·5·8, 4·5·6을 더해도 15가 되는데, 이것은 우주의 본체 자리도 15고 현실에 작용하는 것도 15라는 것을 나타냅니다.

서양 사람들은 우주의 본체와 현상이 다르다고 봅니다. 이 우주의 본체는 완전한 자리이고 신神의 자리로서 본체 자리는 완전한데 현실 세계는 불완전한 사회라고 얘기하거든요. 그렇지가 않아요. 철학적으로 본체의 세계를 reality라고 얘기하고 현실 세계를 appearance라고 합니다. 그러면 reality와 appearance가 서로 다르냐? 같은 거죠. 불교에서도 본체의 세계를 이법계理法界라고 얘기합니다. 현실의 세계를 사법계事法界라고 하는데 이사무애법계理事無碍法界라고 얘기를 해요. 본체와 현실이 걸림이 없는 같은 세계라는 뜻입니다.

무극無極도 사실은 그것이 음양으로 되어 있는 거예요. 건곤을 무극이라고 하는데 바로 상제님과 태모님 자리입니다. 그러니까 태극 자체도 음양의 기운을 가지고서 나오는 겁니다. 무극 자체에도 우리 눈에 보이지만 않을 뿐이지, 음양의 상이 있는 거예요. 무無는 없다는 뜻이 아닙니다. 인간의 눈에 보이지 않는다는 개념일 뿐입니다.

이 우주는 전부 15에 매여 있습니다. 그리고 그 15라는 것이 상제님 태모님의 숫자가 되고, 또한 상제님을 상징하는 건구乾九와 태모님을 상징하는 곤육坤六으로 합하면 역시 15수가 나오게 됩니다.

리離

그 다음에 리괘離卦[☲]를 가지고 얘기하면, 리괘離卦라는 것은 위 아래에서 양陽기운을 발산하고 있는 모습이에요. 위아래 상하의 양陽이 극도로 발산을 하지만 가운데 있는 음陰이 견제를 하고 있는 모습이죠. 또는 상하의 양陽이 가운데 있는 음陰에 뿌리를 박고서 기운을 뿜어내고 있는 모습이 됩니다. 음陰에 뿌리를 박고 양陽이 발산하는 모습이다, 또는 양陽의 발산을 음陰이 견제하는 모습이다. 어떻게 설명을 해도 다 좋아요. 그런데 이 리괘離卦는 바깥에 있는 양효陽爻가 음陰을 변화시키면 건괘乾卦로 바뀌고, 가운데 있는 음효陰爻가 상하의 양陽을 변화시키면 곤괘坤卦로 바뀌게 됩니다. 이 가운데 있는 음효陰爻가 상하의 양효陽爻를 변화시켜서 리괘는 결국 곤괘坤卦로 바뀌게 돼요. 이것을 화火의 중도적 작용이라고 얘기하는데 이처럼 8괘는 가운데 있는 중효를 중요하게 여깁니다.

감坎

그 다음에 감괘坎卦[☵]를 보면 가운데 양陽이 있고 바깥에 음陰이 있어요. 가운데 있는 양陽이 상하에 있는 음陰에게

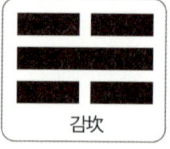
둘러싸여가지고 즉, 음陰이 양을 포위해서 양陽이 생명력을 발휘하지 못하게 하고 있는 거예요. 양陽이 음陰 속에 갇혀 있는 거예요. 양陽이 음陰 속에 빠져 있는 거예요. 양陽이 음陰 속에 빠져가지고 양陽이 자기의 능력을 발휘를 못해요. 이것이 감괘坎卦입니다. 그런데 이 감괘坎卦라는 것은 상하의 음효陰爻가 이 양陽을 변화시키면 곤坤으로 바뀌지만 가운데 있는 양효陽爻의 작용이 더 강력해요. 그래서 이것은 결국은 건괘乾卦로 바뀌게 됩니다. 그래서 이 리괘離卦와 감괘坎卦라는 것은 건곤乾坤을 대행할 수가 있어요. 그 자신이 건곤乾坤으로 변할 수 있다는 것은 건곤乾坤을 대행할 수 있는 유일한 괘가 된다는 뜻입니다. 이처럼 감리괘는 건곤을 대행할 수 있는 유일한 자격을 가지고 있습니다. 그런데 우리가 괘를 볼 때 적은 효를 주효主爻라고 얘기해요. 예를 들어서 진괘震卦[☳]와 간괘艮卦[☶], 손괘巽卦[☴]와 태괘兌卦[☱]를 놓고 볼 때, 진괘와 간괘는 음陰이 두 개고 양陽이 하나인데, 하나인 양효를 주효主爻라 하고 2개인 음효를 객효客爻라 그래요. 주효主爻와 객효客爻. 한 집안에서도 아버지는 한 사람이에요. 자녀는 많이 있지만 아버지는 한 사람으로, 적은 것이 주인이에요. 많은 것이 객客이 됩니다. 나무에도 줄기는 하나이지만 거기에서 가지가 많이 뻗고 잎사귀가 많이 달려도 그것은 주主가 될 수 없죠. 객客이 되는 거에요. 양괘陽卦인 진괘震卦, 감괘坎卦, 간괘艮卦는 오히려 음陰이 더 많고, 음괘陰卦인 손괘巽卦, 리괘離卦, 태괘兌卦는 양陽이 더 많아요. 음괘陰卦는 다양多陽하고 양괘陽卦는 다음多陰한 그러한 모습을 갖고 있습니다. 『주역』「계사전」에서는 양괘인 진, 감, 간은 효의 갯수가 다섯으로 양의 모습이고, 음괘인 손, 리, 태는 효의 갯수가 넷으로 음의 모습을 가지고 있다고도 설명을 하고 있습니다.

진震 · 손巽

다음으로 진괘震卦에 대해서 설명을 드리겠습니다. 진괘震卦[☳]는 아래가 이어져 있고, 손괘巽卦[☴]는 아래가 끊어져 있습니다. 양陽이라는 것은 올라가는 작용을 하고 음陰이라는 것은 내려가는 작용을 하는 거예요. 진괘는 아래의 양陽이 올라가려고 하는데 음陰이 막고 있어요. 그것도 하나가 아니라 두 개가 막고 있어요. 그러면 이 양陽은 억눌렸다가 폭발적인 힘을 발하면서 위로 솟구치게 됩니다. 또 위의 두 개의 음효를 보면 가운데가 비어 올라갈 수 있는 길이 확 트여 있습니다. 이것이 진괘震卦의 형상이에요. 그래서 이 진괘震卦의 상象은 누르면 누를수록 더 반발하는 거예요. 오행에서 목木이라는 것은, 겨울에 씨앗이 단단한 껍질로 내핵을 싸고 있다가 봄이 되어서 속의 양기가 거기에 대한 반발력으로 뚫고 나오는 것이 목木기운이거든요. 그래서 이 진震을 목木이라고 얘기하고, 장남長男이라고 합니다. 또 우레라고 얘기합니다. 누르면 누를수록 더 강해요. 용수철을 누르면 누를수록 그것의 반발력이 더욱 강한 것과 동일한 겁니다. 그래서 아주 강력한 힘으로 위로 솟구치는 그러한 모습을 진괘震卦라 합니다.

손괘巽卦에서 아래의 음효는 내려가려고 그래요. 그런데 위의 두 양효는 올라가려고 그러죠. 그런데 다 끌고 내려가지는 못하잖아요. 하나만 끌고 내려가요. 양효陽爻와 음효陰爻가 이웃해 있는 것을 주역 용어에서 비比라고 얘기해요. 비比는 나란할 비比 자도 되지만 친할 비比 자도 돼요. 음陰과 양陽은 서로 친해요. 손괘에서 초효와 이효는 친해가지고 붙어 있고 하나가 남아요. 이 남은 꼭대기의 양효가 막 돌아다니거든요. 이것을 바람이라고 합니다. 바람이라는 것은 파고들어가는 작용을 하고, 음효의 견인작용에 의해 위에서 아래를 향해

붉게 됩니다. 수렴을 강력하게 하고, 그리고 위에 있는 양陽이 올라가지 못하도록 견제하는 이러한 모습을 손괘巽卦라고 얘기합니다.

간艮 · 태兌

그 다음에 간괘艮卦[☶]와 태괘兌卦[☱]가 있는데요. 양陽이 올라갈 때까지 다 올라가서 이제 더 이상 올라갈 데가 없어요. 그래서 이 간艮은 소남少男이라고 하고 산이라고 얘기합니다. 양陽기운은 음陰의 압력이 세면 셀수록 더 강력하게 반발하는데 위에 음이 없어요. 더 갈 데가 없어요.

그리고 태兌는 음陰, 기운이 밑으로 내려가려고 그러는데 강력한 양陽 두 개가 가로막고 있어요. 꼭대기의 음효는 내려가려고 하고 아래의 양효는 올라가려고 하고 그러니 둘이 만나가지고 굉장히 즐거운 모습을 띄고 있는 거예요. 그리고 음효가 꼭대기에 있어 수렴이 시작되는 모습이라고도 얘기할 수 있어요. 또 음효가 위에서 양효를 싸고 있어서 금화교역이 된 모습도 나타내고 있습니다. 그래서 이 태괘兌卦를 소녀少女다, 택澤이다라고 하는데, 택澤은 연못이 되니 연못에 물이 갇혀 출렁거리는 모습을 나타내고 있습니다.

팔괘라는 것은 건곤乾坤 부모를 제외하고 여섯 개로 이루어져 있습니다. 그래서 대성괘大成卦는 육효六爻로 이루어져 있는 것이라고 얘기를 하기도 합니다.

팔괘 공부 방법

팔괘 외우기

이 강의 첫 번째 시간에는 팔괘의 기본 원리를 말씀드리고, 두 번째 시간에는 삼역괘도三易卦圖에 대해서 말씀을 드리려고 합니다. 팔괘를 공부하려면 반드시 알아야 될 기본 이론이 있어요. 거기에 대해서 한번 살펴볼까 합니다. 건乾이라는 것은 이렇게[☰] 이어진 삼효三爻로 되어 있어요. 이것을 외우는 방법은 건삼련乾三連이라고 얘기합니다. 그 다음에 위에만 끊어진 모습[☱]을 태상절兌上絶이라고 얘기합니다. 외우는 방법이에요. 건삼련乾三連 태상절兌上絶. 그 다음에 가운데가 비어 있고 상하가 양으로 되어 있는 것[☲]을 리괘離卦라고 얘기하는데 리중허離中虛라고 얘기합니다. 리허중離虛中이라고 얘기해도 괜찮아요. 그 다음에 맨 아래는 양효陽爻로 되어 있고 위는 음효陰爻로 되어 있는 것[☳]

을 진하련震下連이라고 얘기합니다. 아래가 끊어지고 위에가 이어진 것을[☴] 손괘巽卦라고 하는데, 손하절巽下絶이라고 합니다. 그 다음에 가운데만 이어진 이것을[☵] 감중련坎中連이라고 얘기합니다. 감괘坎卦는 가운데가 이어졌다, 이을 연連 자 아닙니까? 그 다음에 위에만 이어진 이것을[☶] 간상련艮上連이라고 합니다. 그 다음에 세 개가 다 끊어진 이 모습[☷]을 곤삼절坤三絶이라고 합니다. 건삼련乾三連 태상절兌上絶 이중허離中虛 진하련震下連 손하절巽下絶 감중련坎中連 간상련艮上連 곤삼절坤三絶 이렇게 외우면 됩니다.

이 건乾이라는 것, 또는 건태리진손감간곤乾兌離震巽坎艮坤이라는 것은 형이상학적인 개념이에요. 형이상학적인 개념은 우리 눈에 안 보이는 개념이에요. 우리 눈에 안 보이는 건 정신이에요. 그러면 이것이 구체적으로 형상으로 나타나야만이 우리가 이해를 할 수 있습니다. 그래서 이 천지간에 있는 물질로써 건乾에 해당하는 것은 천天이 됩니다. 태兌는 택澤이 돼요. 못이 되고요. 그 다음에 리괘離卦는 불이 되고 진괘震卦는 우레가 되고 손, 감, 간, 곤은 풍風 수水 산山 지地가 됩니다. 건乾이라는 것은 양陽기가 충만되어가지고 끊임없이 동動하는 거에요. 건乾을 우리가 천天이라고 얘기해요. 그러니까 어떤 사람이 천天의 개념을, "하늘에 해가 있고 달이 있고 별이 있고 그런 것을 이야기하는 것입니까?"라고 반문을 합니다. 그것이 아니라, 그런 것을 포함하면서도 끊임없이 역동적으로 움직이는 하늘의 동動하는 모습을 천天이라고 하는 거예요. 건乾은 자체가 역동적으로 움직이는 모습을 얘기한다고 그랬잖아요. 끊임없이 움직이는 것은 하늘밖에 없어요.

　태兌라는 것은 음이 양 위에서 즐기고 있는 모습입니다. 연못 속에 물이 고이고, 물이 양陽에 막혀 빠져나가지 못하고 출렁거리고 있는 모습이에요. 못은 출렁이며 기뻐하는 모습이 있습니다. 리離는 불이고요. 진震은 위에서 두 음陰이 막고 있는데 아래의 양이 강력하게 솟구치는 것으로 이것은 천둥이 됩니다. 손巽은 음陰과 양陽 둘이 만나요. 음陰은 내려가려고 그러고 양陽은 올라가려고 그러지만 이 음양의 두 개는 이웃해서 친화성이 있어서 하나는 끌고 내려가요. 위의 것 하나가 남아요. 그러면 그게 막 돌아다녀요. 그것이 바람이 되는 것이며, 방향은 음효를 따라 아래로 향하게 됩니다. 감坎이라는 것은 물이 되죠. 간艮이라는 것은 산이 되고, 곤坤이라는 것은 땅이 되는 거예요.

　그런데 우리가 방금 전에 일생이법一生二法의 분파법에 의해서 팔괘가 생하는 것을 살펴보았는데, 거기에서 보면 태양太陽에서 건태乾兌가 생겼고 소음少陰에서 리진離震이 생겼고 소양少陽에서 손감巽坎이 생겼고 그 다음에 태음太陰에서 간곤艮坤이 생겼어요. 그러면 순서가 건乾이 첫 번째 생겼고요. 태兌가 두 번째로 생겼고 리離가 세 번째, 진震이 네 번째, 손巽이 다섯 번째, 감坎이 여섯 번째, 간艮이 일곱 번째 곤坤이 여덟 번째로 생겼어요. 아까 사상四象에서는 제일 먼저 생긴 것이 태양太陽, 두 번째로 생긴 것이 소음少陰, 세 번째로 생긴 것이 소양少陽, 네 번째로 생긴 것이 태음太陰이었잖아요. 그래서 위수位數를 태양太陽은 1이고 소음少陰은 2고 소양少陽은 3이고 태음太陰은 4라고 했듯이 팔괘의 순서도 이렇게 생겨나게 됩니다. 그래서 우리가 이걸 외우는 방법으로 '일건천一乾天' 이렇게 외웁니다. 건괘乾卦는 제일 먼저 첫 번째로 생겼고, 그 다음에 건乾이라는 것을 형이하학적으로는 우리 눈에 볼 수 있는 물질로는 하늘이다 이거예요. 일건천一乾天이라는 말 속에는 괘가 생긴 순서와 현실 속에서의 상징물이 함께 들어 있는 것입니다. 이처럼 우리가 일건천一乾天 이태택二兌澤 삼리화三離火 하면서 막 외우는데 그것도 알면서 외워야죠. 앞에 있는 숫자는 팔괘가 생긴 순서이고 가운데 있는 것은 괘의 이름이고 뒤에 있는 것은 형이하학적인 개념이에요. 그러니까 우리가 건곤乾坤과 천지天地의 차이점을 알게 되는 거예요. 건곤乾坤은 보이지 않는 천지天地의 정신을, 천지天地의 마음을 얘기하는 거예요. 그리고 천지天地라는 것은 그 건곤乾坤이 구체화되어 있는 물질을 얘기하는 거예요. 이렇게 해서 우리가 외우는 방법은 일건천一乾天 이태택二兌澤 삼리화三離火 사진뢰四震雷 오손풍五巽風 육감수六坎水 칠간산七艮山 팔곤지八坤地 이렇게 외우게 됩니다. 이건 여러분들이 많이 들어보셨을 거예요. 바로 여기에서 상제님께서 "나는 남방 삼리화三離火니라." 하신 말씀이 나오게 되는 것입니다.

팔괘의 오행배합

그리고 또한 여기에 오행을 배합할 줄 알아야 돼요. 오행을 배합할 때 건乾에는 목화토금수木火土金水 중에서 무엇을 배합하느냐? 건乾은 금金을 배합하는 거에요. 하늘이 금金이에요. 그래서 이 가을 세상에 하느님의 이상이 이 땅에 실현되는 거예요. 하느님의 이상은 언제 실현되느냐? 봄, 여름, 가을 중에서 가을에 실현되는 거예요. 앞에서 제가 금화교역의 첫 번째 뜻은 가을이 되어 만물의 생명이 완성되고 통일되는 것이고, 두 번째 뜻은 가을에 생명을 완성시키기 위해 여름에서부터 조용하게 금이 불을 싸기 위해 준비하는 것이란 말씀을 드렸습니다. 금화교역金火交易의 세 번째 뜻은, 가을에 만물을 결실하는 것이 너무도 중요하기 때문에 천지만물의 구조가 금金이 제일 바깥에서 모든 걸 싸고 있는 모습을 하고 있는 것을 또한 금화교역金火交易이라고 합니다. 이 지구는 하늘이 싸고 있잖아요. 그 하늘이 금金이에요. 우리 몸은 피부가 싸고 있어요. 피부가 금金이에요. 우리가 병을 보면 병은 속이 텅 비어 있고 바깥이 딱딱해요. 그게 금金이에요. 종이컵을 봐도 컵의 바깥은 딱딱하고 안에 물을 담아요. 바깥의 종이로 된 부분, 그게 금金이에요. 모든 것을 바깥에서 싸고 있는 것이 금金이에요. 그래서 이 건乾을 금金이라고 합니다. 그래서 하늘을 금천金天이라고 그래요. 목화토금수木火土金水의 금金 자를 써가지고 금천金天이라고 합니다.

그 다음에 태兌도 금金이에요. 왜? 음陰이 위에서부터 수렴을 시작해요. 위에서 수렴을 시작해서 내려오기 때문에 이것도 금金이 됩니다.

리離가 화火가 되는 건 우리가 다 아는 거고요. 진震이라는 것은 목木이라고 그래요. 손巽도 목木이라고 그래요. 왜? 진震은 강력한 양기陽氣가 밑에서부터 솟구쳐 올라가잖아요. 그리고 손巽은 풍風이기 때문에 이것도 목木이거든요. 감坎은 수水가 되고, 그 다음에 간艮은 토土가 됩니다. 간艮은 산인데, 산山은 토土라고 해야지 뭐라고 하겠어요? 곤坤은 당연히 토土죠. 그래서 상제님께서 "팔괘 가운데 오행의 이치가 있고 약은 오행기운에 응한 연고니라.(도전 2:82:4)"고 하셨는데, 팔괘 가운데 오행의 이치가 있다는 것이 바로 이겁니다. 그런데 우리가 여기에서 알고 지나가야 될 것은 수水와 화火는 하나밖에 없어요. 수水와 화火는 하나밖에 없는데, 금金도 2개고 목木도 2개고 토土도 2개로 되어 있어요. 그러니까 이 2개는 양陽과 음陰으로 되어 있죠. 건금乾金이라는 것은 양금陽金이죠. 건乾은 하늘이니까 양금陽金, 태兌는 음금陰金이에요. 그리고 건乾과 태兌는 이렇게 붙어 다녀요. 건태乾兌는 항상 붙어 있습니다. 그래서 상제님께서 가장 가까이 하고 9년 천지공사에 끝까지 수종들었던 분이 누구에요? 김호연 성도예요. 김호연 성도는 태소녀兌少女예요. 하느님과 제일 가까운 분, 그러니까 건乾은 양금陽金이 되고 태兌가 음금陰金이 됩니다. 진괘는 양목陽木이 되고 손괘는 음목陰木이 됩니다. 그리고 간토艮土는 양토陽土가 되고 곤토坤土는 음토陰土가 된다. 이런 것도 우리가 정확히 알고 있어야 되겠죠.

팔괘의 성정性情

그 다음에 성정性情에 대해서 살펴볼까 합니다. 성정性情은 다른 말로 마음이에요. 건태리진손감간곤乾兌離震巽坎艮坤의 마음은 어떻게 되어 있느냐? 건乾은 씩씩하기 때문에 건健이라고 얘기합니다. 건乾의 정신은 끊임없이 동動하는 강력한 성질이 있어요. 태兌라는 것은 열悅이라고 그래요. 기쁠 열悅 자. 왜? 두 개의 양 위에 하나의 음이 있는 거예요. 그리고 음陰은 밑으로 내려오려고 하고 양陽은 위로 올라가려고 그래요. 그러니 음양이 만나 너무 즐거운 모습이에요. 그래서 태兌는 열悅이라고 합니다. 리離라는 것은 麗(리)라고 하는데 걸릴 리 자입니다. 음효가 양 가운데 걸려 있듯이 하늘에 태양이 걸려 붙어서 빛을 내는 것입니다. 그 다음에 진震이라는 것은 움직이는 거죠. 위의 압력을 뚫고서 솟구쳐 올라가는 모습이기 때문에 동動이라고 그러고요. 손巽이라는 것은 결국은 밑으로 자꾸 내려가는 것이고 바람처럼 파고드는 것이에요. 손괘巽卦의 음효陰爻는 밑으로 내려가려고 그러는데, 이 음효陰爻가 위에 있는 것보다 밑에 있는 것은 더 힘이 세요. 그러니까 이 음효陰爻는 궁극적으로는 밑으로 내려가는 거예요. 그래서 빠질 입入 자를 써가지고 입入이라고 합니다. 일본이 손방巽方인데, 이번 개벽기에 일본이 바다 속으로 침몰한다고 하는 것도 자연의 섭리로써 되는 것이지 다른 이유가 있는 것이 아니죠. 손巽이라는 것은 워낙 강력하게 밑으로 끌어내립니다. 그래서 나무로 얘기하면 손巽이라는 것은 나무의 뿌리예요. 진震이라는 것은 나무의 줄기가 됩니다. 그 다음에 감坎이라는 것은 빠질 함陷 자예요. 양陽이 음陰 속에 빠져가지고 옴짝달싹도 못하고 있는 모습이에요. 그리고 간艮이라는 것은 양기陽氣가 올라가서 더 올라갈 데가 없어요. 그래서 이건 그칠 지止 자를 씁니다. 그 다음에 곤坤이라는 것은 순야順也라, 자기의 주장을 내세우지 않고 하늘의 뜻에 순종하고 만물을 포용하고 수용하는 덕성을 가지고 있습니다.

팔괘의 가족관계

다음으로 팔괘를 가족관계로써 살펴보겠습니다. 건괘는 아버지가 되고 곤괘는 어머니가 되죠. 부모가 먼저 있게 되고, 이 부모가 결혼을 하면 삼남삼녀三男三女가 나오게 됩니다. 곤모坤母를 체로 하고 아버지의 양효 기운이 제일 아래 것이 첫 번째로 들어가면 진괘震卦가 되고, 곤모坤母를 체로 하고 건괘의 가운데 것이 두 번째로 들어가면 감괘가 되고, 곤모坤母를 체로 하고 건괘의 세 번째 것이 꼭대기로 가면 간괘艮卦가 됩니다. 그래서 첫 번째 있는 것이 장남長男, 두 번째로 올라간 건 중남中男, 꼭대기에 올라간 건 소남少男, 그래서 진장남震長男 감중남坎中男 간소남艮少男이 되는 겁니다. 어머니의 효爻도 맨 밑의 것, 가운데 것, 꼭대기의 것의 3가지가 있어요. 곤괘의 맨 밑의 것이 맨 밑으로 들어가면 장녀長女가 되고, 곤괘의 가운데 것이 가운데로 들어가면 중녀中女가 되고, 곤괘의 꼭대기의 것이 맨 위로 들어가면 소녀少女가 되기 때문에 손장녀巽長女 이중녀離中女 태소녀兌少女라고 얘기합니다. 그러니까 괘卦라는 것은 아래로부터 기준해서 위로 올라가는 거예요. 나무가 아래에서 위로 자라서 올라가잖아요. 그래서 밑에서부터 장남長男 중남中男 소남少男, 장녀長女 중녀中女 소녀少女라고 얘기하고 있는 겁니다. 천지의 가족이라는 것은 부모님을 중심으로 해서 삼남삼녀三男三女가 있어요. 이렇게 해서 팔괘를 이루고 있는 것입니다.

곤모坤母 ☷			건부乾父 ☰		
태소녀 ☱	리중녀 ☲	손장녀 ☴	간소남 ☶	감중남 ☵	진장남 ☳
득곤상효	득곤중효	득곤초효	득건상효	득건중효	득건초효

팔괘의 인체 배속

그 다음에 우리 인체를 8괘에 배속하면 건乾은 머리首에 해당해요. 건乾은 그냥 머리다, 이렇게 외우면 안 되죠. 건乾은 하늘이니까 제일 꼭대기에 있어요. 우리 몸에서 제일 꼭대기에 있는 게 뭐예요? 머리에요. 하늘은 둥글어요. 우리 머리가 둥글게 생겼어요. 건乾이 모든 걸 주장해요. 우리의 모든 걸 주장하는 건 머릿속에 있는 원신元神이 주장하는 거예요. 우리 심장 속에는 식신識神이 있고 머릿속에는 원신이 있다고 하는데, 그래서 양陽의 가장 존귀한 것이 머릿속에 있어요. 건乾이 제일 존귀하듯 머리가 제일 존귀하죠.

그 다음에 태兌라는 것은 입口이라고 그래요. 태兌는 연못 속에 고인 물이에요. 우리 입 속에는 침이 고여 있어요. 침이 나오고 있고 우리 몸의 꼭대기에서 터져 있잖아요. 태괘도 꼭대기가 터져 있잖아요. 그래서 기쁘다는 뜻이 나오는데, 말을 하면 즐겁고 음식을 먹으면 즐거워요. 입을 통해서 말하고 먹어요. 그런데 태兌의 성정이 열悅이잖아요. 그래서 입에 배속을 합니다. 또한 아래의 턱이 움직이는데 이는 태괘의 아래의 두 양효陽爻와도 관련이 있습니다.

리離라는 것은 눈目이에요. 눈이라는 것은 속에는 물질로 되어 있지만 눈 바깥에서는 광채가 뿜어나가요. 그래서 리괘離卦는 눈에 배합합니다.

이 진괘震卦라는 것은 아래에서 강력한 힘이 나오면서 동動하는 거예요. 우리 몸에서 아래에서 강력한 힘이 나오고 동動하는 건 다리足밖에 없어요. 발, 움직이잖아요. 아래에서 움직이고 힘이 강력하거든요. 축구는 바로 이 진괘震卦를 응용한 운동이라고 볼 수가 있습니다.

손괘異卦는 양陽이 내려오다가 둘로 갈라져서 내려가요. 그러면 우리 몸에서 쭉 내려오다가 둘로 갈라지는 곳은 사타구니이고, 더 밑으로 내려가면 넓적다리에요. 그래서 손괘에는 넓적다리股를 배합합니다. 또 손괘異卦는 손순遜順하여 자기의 주장을 내세우지 않는 덕성이 있는데, 발이 움직이면 넓적다리는 그냥 따라가요. 이처럼 손순遜順한 모습을 갖고 있어요.

그리고 감坎이라는 것은 귀耳에 해당하는데 감괘는 상하가 음陰이고 가운데가 양陽인데 우리 귓구멍이 뚫려 있어요. 귓구멍은 양陽을 상징하는데, 뚫려가지고 거기서 다 듣거든요. 총명聰明의 총聰이 열리거든요. 그리고 귓바퀴가 두 개로 되어 있어요. 귓바퀴가 바깥에 있는 게 있고 안에 있는 게 있어서 두 개가 음陰을 상징한다고 그럽니다. 이렇게 해서 감괘坎卦는 귀에 배속을 하고요.

간괘艮卦는 손手에 배속을 해요. 위에서 움직이는 건 손이죠. 간괘는 양효가 위에 있어 위에서 동하는 모습이 있습니다. 아래에서 움직이는 건 발이었고 위에서 움직이는 건 손이에요. 그리고 손이라는 건 잡아가지고 그치게 하는 작용이 있어요. 또 다른 책에서는 코를 배속하기도 합니다. 코는 우뚝 솟아가지고 산을 상징하기도 하고, 속이 비어 있어 간괘의 첫째 둘째의 음효가 가운데가 비어 있는 것을 상징하기도 합니다.

그 다음에 곤坤이라는 것은 배腹를 상징해요. 뱃속에는 오장육부가 다 들어있어요. 모든 걸 포용하고 수용하고 있습

괘명	괘형	암기법	자연	순서	오행	성정	가족	인체	동물
건乾	☰	건삼련	천天	1건천	양금	건健	부父	수首	마馬
태兌	☱	태상절	택澤	2태택	음금	열悅	소녀少女	구口	양羊
리離	☲	리허중	화火	3리화	화	리麗	중녀中女	목目	치雉
진震	☳	진하련	뢰雷	4진뢰	양목	동動	장남長男	족足	용龍
손巽	☴	손하절	풍風	5손풍	음목	입入	장녀長女	고股	계鷄
감坎	☵	감중련	수水	6감수	수	함陷	중남中男	이耳	돈豚
간艮	☶	간상련	산山	7간산	양토	지止	소남少男	수手	구狗
곤坤	☷	곤삼절	지地	8곤지	음토	순順	모母	복腹	우牛

니다.

팔괘의 동물 배합

마지막으로 동물배합을 살펴보겠습니다. 건乾이라는 것은 말馬을 배합합니다. 말이라는 것은 건장하고 씩씩하며 끊임없이 움직이는 동물이죠. 말보다 더 굳센 동물이 없습니다. 그래서 건乾에 배속을 합니다. 또 말의 발굽을 보면 통발굽이에요. 말의 발굽은 둥그렇게 되어 있어요. 그래서 이것은 양陽을 상징하고 있습니다.

태兌라는 것은 양羊을 배합을 해요. 태괘는 밖은 음효가 있어 순한데 속은 양효가 있어 강한 성질이 있습니다. 양羊이라는 것은 굉장히 순해요. 그러면서도 고집이 있어요. 그래서 양羊을 뒤에서 몰면 잘 가지만, 앞에서 양을 몰아보려고 하면 양羊의 고집을 못 당한다는 거예요. 그 속에 깡다구가 있다고요.

그 다음에 리괘離卦는 꿩雉이에요. 꿩雉이라는 것은 바깥에는 아주 화려한데 속에는 겁이 많아요. 그리고 상제님께서 공사보실 때, 아홉 살 때인가요 꿩雉을 하루건너 한 마리씩 들였다 그런 것도 리괘離卦와 전부 상관이 되는 겁니다. 그 다음이 진괘震卦인데 물속에 잠겼다가 하늘로 올라가는 것이 뭡니까? 용龍이에요. 두 개 음효陰爻 속에서 양이 억눌려 있다가 솟구치듯이 물속에 있다가 하늘로 승천하는 것이 용龍이기 때문에 진괘震卦에는 용龍을 배합합니다.

그리고 손괘巽卦라는 것은 닭鷄을 배합해요. 닭鷄이라는 것은 날개를 쳐서 바람을 한번 일으키고 울어요. 꼬끼오 하고 울어요. 바람을 먼저 일으켜요. 앞에서 손괘는 바람風을 배합한다고 그랬죠.

또 닭鷄의 상징이라면 벼슬이에요. 잘 보시면 아래의 음효陰爻하고 가운데의 양효陽爻가 만나가지고 친하게 사이좋게 지내는 사이에 꼭대기에 있는 양陽은 의지할 데가 없어서 돌아다녀요. 이게 바람이거든요. 꼭대기에 양陽이 있어요. 닭鷄은 머리위에 빨간 벼슬이 있잖아요. 그것이 유리된 양을 상징하는 겁니다. 그래서 닭을 손괘巽卦에 배합합니다.

감坎이라는 건 돼지豚예요. 돼지豚는 굉장히 온순하지만, 돼지豚 멱따는 소리라는 말이 있듯이 화가 나면 속에서 아주 강력한 기운이 나와요.

간艮에는 개狗를 배합하는데 개狗라는 것은 바깥으로는 굉장히 사나워요. 그렇지만 주인의 말을 굉장히 잘 들어 속으로는 굉장히 온순합니다. 속은 온순한데 바깥 기운은 굉장히 강하게 되죠. 간괘가 밖에 양효가 있고 속에 음효가 있는 것과 비슷합니다. 그래서 간괘艮卦에 개狗를 배합합니다. 우리가 욕할 때 개새끼라는 말을 자주 하는데 모든 인류가 간방에 살고 있는 우리 민족에 의해서 구원을 받는다는 도의 비밀이 숨겨져 있습니다.

그 다음에 곤괘坤卦라는 건 소牛를 배합합니다. 곤坤은 모든 걸 다 싣고 있어요. 소는 무거운 짐을 실어 나르고, 소처럼 온순한 동물이 없어요. 소는 배가 산더미만해가지고 모든 걸 다 수용하고 있습니다. 그리고 소의 발굽은 둘로 갈라져 음을 상징하고 있습니다. 그래서 곤坤하고 배합을 하는 겁니다.

팔괘에 들어 있는 24절기, 36괘, 60갑자 원리

상제님께서는 팔괘 가운데 오행의 이치가 있다고 말씀하셨는데, 팔괘 속에는 24절기, 60갑자와 36괘의 원리도 들어있습니다. 팔괘는 모두 24효로 이루어져 있는데, 이는 이분, 이지, 사립의 팔절을 바탕으로 24절기가 있는 이치와 동일합니다. 또 양효와 음효가 각각 12개의 효로 되어 있습니다. 양효는 체는 하나이지만 용은 3으로 작용하므로 12×1하면 12가 되고 12×3 하면 36이 나옵니다. 음효는 2를 기본으로 하므로 12×2 하면 24가 됩니다. 12와 24를 더하면

36이 되는데 이는 주역 64괘에서 부도전괘不倒轉卦 8개와 도전괘倒轉卦 28개를 합한 수가 되며, 36과 24를 더하면 60이 되는데 이는 60갑자의 원리가 됩니다.

  자, 이렇게 해서 팔괘 총론을 마치고, 다음 장에서는 삼역괘도三易卦圖에 대해서 살펴보겠습니다.

3부
삼역괘도三易卦圖

삼역괘도三易卦圖

삼역괘도의 선후천

이 장에서는 복희팔괘도, 문왕팔괘도, 정역팔괘도 이 삼역괘도에 대해서 말씀드리겠습니다.

삼역괘도를 여러분들과 함께 그려보도록 하겠습니다. 먼저 복희팔괘도를 그려보겠는데요. 우리가 잘 알다시피 복희팔괘도, 문왕팔괘도, 정역팔괘도에 대해서 세상 사람들은 복희팔괘도를 선천팔괘도라고 하고 문왕팔괘도를 후천팔괘도라고 하는데, 그건 정역팔괘도에 대해서 이해를 하지 못한 상태에서, 선후천에 대해서 이해를 하지 못한 상태에서 이야기를 하는 것입니다. 그들이 복희팔괘도를 선천팔괘도라고 하고 문왕팔괘도를 후천팔괘도라고 하는 것은, 어제 제가 선후천에 두 가지 개념이 있다고 그랬잖아요. 창조적인 선후천이 있고, 시간적인 선후천이 있다고 했습니다.

 창조적인 선후천일 때는 하도가 선천이고 낙서가 후천이지만, 시간적인 선후천에서는 낙서가 선천이 되고 하도가 후천이 됩니다. 그러니까 세상 사람이 복희팔괘도를 선천이라고 하고, 문왕 팔괘도를 후천이라고 하는 것은 창조적인 입장에서 선후천을 말하는 거예요. 세상 사람들이 하는 이야기 틀렸다고 하긴 어렵지만 진정한 의미의 선후천이라는 것은 시간적인 선후천을 이야기하는 것이거든요. 봄여름 자체가 선천이 되고, 가을 세상이 후천이 되기 때문에 복희팔괘도와 문왕팔괘도는 선천이 되고, 정역팔괘도는 후천팔괘도가 되는 겁니다. 복희, 문왕, 정역팔괘라는 것은 봄, 여름, 가을 괘도를 이야기하는 거예요.

 봄에는 만물이 화생하잖아요. 만물이 창조되어서 나오게 됩니다. 만물의 창조도가 복희팔괘도예요. 봄의 괘도예요. 봄에 나온 만물이 자라는 것, 그것이 문왕팔괘도예요. 가을이 되어가지고 만물이 성숙하는 것, 그것이 정역팔괘도예요. 그러니까 복희팔괘는 봄의 괘도고, 문왕팔괘도는 여름의 괘도고, 정역팔괘도는 가을의 괘도가 됩니다. 상제님께서 "천존과 지존보다 인존이 크니 이제는 인존시대니라." (도전 2:22:1) 라는 말씀을 하셨는데, 이에 의거해서 우리가 팔괘도의 이름을 붙여볼 수가 있어요. 저는 복희팔괘도는 봄에 하늘 기운이 만물을 화생하는 천존팔괘도, 문왕팔괘는 땅 기운에 의해 만물이 성장하는 지존팔괘도, 정역팔괘도는 금화교역에 의해 인간의 생명이 성숙하는 인존팔괘도라고 명칭을 붙여보고 싶습니다. 이 팔괘도에 대해서 공부하려면 팔괘도의 구성을 정확하게 이해를 해야 하거든요. 그래서 같이 한번 그려보겠습니다.

복희팔괘도의 구성

복희팔괘도는 봄에 만물을 창조하는 모습이에요. 그러면 봄에 만물을 창조하기 위해서는 공간적으로 하늘은 위에 있고, 땅은 밑에 있고, 해는 동쪽에서 뜨고, 달은 서쪽에서 뜨고 그 다음에 이 지구에 존재하는 자연의 모습을 그려놓

복희팔괘
[아침, 봄, 生]

문왕팔괘
[점심, 여름, 長]

정역팔괘
[저녁, 가을, 成]

은 거예요. 바다라든가 못은 동남쪽에 많고, 산은 서북쪽에 많이 있어요. 자, 그렇게 그리면 되는 거예요.

복희팔괘에서 하늘은 위에 있으니까 건괘가 위에 있고, 땅은 아래에 있으니까 곤괘는 밑에 있고, 해는 동쪽에서 뜨니까 이괘는 동쪽에 있고, 그 다음에 달은 서쪽에서 뜨니까 감괘는 서쪽에 있어요. 왜 달이 서쪽에서 뜨냐 하면, 여러분들이 아시다시피 초승달이 처음 떠오르는 달이잖아요. 어디서 뜨는지 한번 살펴보세요. 서쪽에서 떠요. 초승달이 서쪽에서 뜹니다. 그래서 달을 상징하는 감괘는 서쪽에 배치합니다. 이렇게 체體가 되는 건곤乾坤은 상하에 배치되고, 용用이 되는 감리坎離는 동서에 배치되어 사정방四正方에 자리잡습니다.

그 다음에 동남쪽에는 태괘가 있어요. 태兌는 못을 나타내는데 중국의 동남쪽에는 호수가 많고, 중국과 우리나라의 동남쪽에는 태평양이 있어요. 못은 바다라고도 볼 수 있습니다. 서북쪽에는 산이 있습니다. 저 중국 서북쪽으로 가면 산이 많습니다. 그래서 간괘가 서북쪽에 있는 거죠. 그다음에 진괘가 동북쪽에 있는데 진괘는 양기운이 시작하는 괘잖아요. 그러니까 동북쪽에서부터 양기운이 시작해야 돼요. 그 다음에 손괘는 수렴을 시작하는 것 아닙니까? 그러니까 진괘의 맞은편에 있는 서남쪽에 이 손괘가 자리를 잡아야만 합니다. 그래서 이렇게 배치를 해놓은 거예요. 이것이 복희팔괘도죠. 건남곤북에 이동감서 이렇게 되는 거예요. 태동남, 간서북, 진은 동북쪽에 있고, 손은 서남쪽에 자리잡고 있습니다.

우리 동양 사람들은 동서를 위주로 방위를 정하고 서양 사람들은 남북을 위주로 써요. 그래서 진괘가 있는 이 자리를 동북쪽이라고 하고, 태괘가 있는 이곳을 동남쪽이라고 하죠. 서양 사람들 같으면 태괘자리를 남동쪽이라고 그러겠죠. 그리고 진괘가 있는 자리를 북동쪽이라고 이야기 하겠구요. 하지만 우리는 동서를 기준으로 써요. 제갈량이 동남풍을 불렸다 하는 것에서도 볼 수 있는 것처럼 동서를 위주로 쓰고 있어요.

이렇게 배치된 것이 복희팔괘도인데, 복희팔괘도는 만물이 생겨난 순서로 돼 있기 때문에 일건천, 이태택, 삼리화, 사진뢰, 오손풍, 육감수, 칠간산, 팔곤지 이렇게 숫자가 붙게 되는 겁니다. 자, 이렇게 해서 복희팔괘도의 그림을 그려보았습니다.

문왕팔괘도의 구성

 그 다음에 문왕팔괘도를 그려보죠. 전하는 이야기에 따르면 문왕은 82세 때 은나라의 주왕紂王에 의해 지금의 하남성 탕음현湯陰縣에 있는 유리옥羑里獄에 갇혀서 7년 동안 온갖 고초를 겪으면서 주역을 연구하여 면모를 일신하였고, 97세의 일기로 세상을 떠나셨다고 합니다. 문왕팔괘도는 여름의 변화질서를 나타내는 여름팔괘도입니다. 아침에 해가 동쪽에서 떠가지고 한낮이 되면 남쪽으로 가야하잖아요. 여름은 한낮을 상징하잖아요. 여름이 되니까 이괘가 정남방에 자리를 잡게 되는 거죠. 이괘가 정남방에 자리를 잡게 되듯이 또한 보름달이 초저녁에 떠가지고 한밤중이 되면 정중앙(정북쪽)에 가 있어요. 그래서 이 정북쪽에 감괘가 가 있게 되는 겁니다. 그리고 정동방에 진괘가 있고, 태괘가 정서방에 있고, 서남쪽에 곤괘가 있고, 서북쪽에 건괘가 있고, 그 다음에 동북쪽에 간괘가 있고, 동남쪽에 손괘가 있습니다.

 자, 그렇게 해서 문왕팔괘도는 이남감북에 진동태서라고 그래요. 그러면 이 숫자를 어떻게 붙이느냐? 문왕팔괘도는 봄에 생겨난 만물이 여름철에 무한히 발전해 나가고 뻗어

나가는 상이예요. 그래서 이것은 낙서의 상을 나타내고 있습니다.

 그래서 낙서의 숫자를 붙여요. 2·7·6, 9·5·1, 4·3·8을 오른쪽에서 왼쪽으로 그대로 배합하면 됩니다. 이렇게 숫자를 붙이기 때문에 우리가 일감一坎, 이곤二坤, 삼진三震, 사손四巽, 오중五中, 육건六乾, 칠태七兌, 팔간八艮, 구리九離 이렇게 이야기 하죠. 문왕팔괘도의 숫자 배합은 이렇게 해야 됩니다. 이런 걸 모르면 이 괘의 해석 자체가 되지를 않습니다.

❶ 하남성 탕음현의 유리성 정문. 문왕은 이곳에서 7년 간을 갇혀 있으면서 주역을 연구했다.
❷ 유리성 안의 문왕상
❸ 유리성 연역대

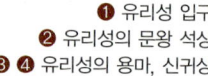

❶ 유리성 입구
❷ 유리성의 문왕 석상
❸❹ 유리성의 용마, 신귀상

정역팔괘도의 구성

다음에 정역팔괘도라는 것은 김일부(1826~1898) 선생이 하늘의 계시를 받아 그린 그림으로 가을철이 되어 금화교역이 되어 만물이 성숙한 모습을 담고 있습니다. 그래서 정역팔괘도는 선천을 나타내는 복희팔괘도에서 천지비괘를 이뤘던 것이 지천태괘를 이루게 됩니다. 상제님께서 "선천은 천지비요, 후천은 지천태니라." 하신 말씀이 그대로 응험이 됩니다.

복희팔괘도에서는 만물을 창조하는 데 주동적인 역할을 천지부모를 대행해서 장남과 장녀가 해요. 동북쪽 진괘에서부터 만물이 생겨나기 시작하고 서남쪽 손괘에서부터 수렴을 시작합니다. 그래서 아버지 어머니의 옆에 붙어서 주동적인 역할을 합니다. 장남 장녀가 봄에는 주도적인 역할을 하구요. 여름이 되면 이중녀와 감중남이 정남북에 자리잡아 주도적인 역할을 해요. 그 다음에 이제 가을이 되면 때를 기다리고 있던 소남, 소녀가 다 성장을 해가지고 간소남과 태소녀가 주도적인 역할을 해요. 그래서 정역팔괘도에서는 동쪽에서는 간괘가 서쪽에는 태괘가 자리를 잡고 마주보고 있습니다. 그 다음에 동북쪽에는 감괘가, 서남쪽에는 이괘가 자리하고, 그 다음에 서북쪽에 진괘가 동남쪽에

 ❶ 향적산. 계룡산의 머리에 해당된다고 하며 국사봉이라고도 부른다. 김일부 선생은 1893년부터 돌아가시던 1898년까지 이곳에서 머무르며 제자들을 가르쳤다.

 ❷❸ 국사봉아래 향적산방. 일부 선생이 말년에 머무셨던 곳이다. 거북바위와 용바위의 사이에 위치하고 있다.

❶ 향적산방의 왼쪽에 있는 거북바위. 바위 아래에서 석간수가 솟는다.
❷ 향적산방의 오른쪽에 있는 용바위
❸ 용바위의 또 다른 모습

손괘가 자리잡으며 이천칠지라는 것이 건곤괘 안에 자리잡아 정역팔괘도가 완성됩니다.

여기에 숫자를 붙이는 것은 일손·육진, 이천·칠지, 팔간·삼태, 사감·구리, 오곤·십건, 이렇게 마주하는 것끼리 하도의 숫자를 붙이게 됩니다.

삼역괘도 개설

삼역괘도의 숫자를 전체적으로 살펴보면 봄에는 아직 만물이 많이 성장을 못했어요. 그래서 이 봄괘도에는 1, 2, 3, 4, 5, 6, 7, 8까지밖에 수를 안 써요. 여름괘도에는 1, 2, 3, 4, 5, 6, 7, 8, 9까지 써서 분열의 극한 상태를 나타내고, 가을괘도에는 1, 2, 3, 4, 5, 6, 7, 8, 9, 10까지 써요. 그래서 우리가 이것을 이름지어 복희팔괘도는 여덟 개의 수가 있기 때문에 팔수도八數圖, 문왕팔괘도는 9개의 숫자를 써서 9수도九數圖라고도 하지만 구궁도九宮圖라는 표현이 더 좋고요. 정역팔괘도는 십수도十數圖라고 얘기합니다.

생장성하는 자연의 변화원리로 이름을 붙이면 복희팔괘도는 생괘도生卦圖라 하고 문왕팔괘도는 장괘도長卦圖라 하고 정역팔괘도는 성괘도成卦圖라 부릅니다. 또 출현한 순서에 따라서 명칭을 붙이면 복희팔괘도는 제1괘도, 문왕팔괘도는 제2괘도, 정역팔괘도는 제3괘도라고 부릅니다. 복희팔괘도는 원역도原易圖라고 그래요. 이것은 팔괘도의 뿌리가 되기 때문에 근원 원原 자를 써가지고 원역도原易圖라 부르고 문왕팔괘도는 과도기의 과정을 나타내므로 윤역도閏易圖라 하고 정역팔괘도는 정역도正易圖라고 부릅니다.

 괘를 그리는 것도 중요한데요. 봄이나 여름에는 기운이 아래에서 위로, 중심에서 바깥으로 뻗어요. 가을이 되면 기운이 바깥에서 안으로 수렴하게 됩니다. 봄여름에는 초목이 자라고 가을이 되면 잎과 가지에 있던 물기운이 뿌리로 내려오는 것과 같은 이치입니다. 그래서 괘를 그려도 복희팔괘도와 문왕팔괘도는 기운이 중심에서 뻗어져 나가는 방향으로 그리게 돼요. 복희나 문왕팔괘도의 태괘를 보면 중심에서 바깥을 보면서 태상절을 그리고, 정역도의 태괘는 바깥에서 안을 보면서 태상절을 그립니다. 그러니까 괘를 그릴 때도 괘의 머리가 바깥을 향하고 있느냐, 안을 향하고 있느냐 하는 것을 따져야 합니다. 복희팔괘와 문왕팔괘는 중심에서 바깥을 향해 기준을 삼아 괘의 머리가 밖에 있고, 정역팔괘도를 그릴 때는 바깥에서 안을 보면서 팔괘도를 그려 괘의 머리가 안에 있게 되는 것입니다.

복희팔괘도는 태극팔괘도

복희팔괘도라는 것은 별명을 뭐라고 그러냐 하면 태극팔괘도라고 그래요. 왜? 태극이 만물을 시생始生하듯이 복희팔괘도는 만물을 시생하는 태극의 모습을 그대로 갖고 있기 때문입니다.

우리나라 태극기가 복희팔괘도에서 온 거예요. 그러면 복희팔괘도가 태극의 모습을 하고 있느냐 하는 것을 살펴보면 세 가지 면에서 태극의 모습을 갖고 있어요. 첫째, 마주보는 것끼리 살펴보면 완전 대칭이에요. 건부와 곤모가 대칭이요, 그 다음에 진장남과 손장녀가 대칭이요. 이중녀와 감중남이 대칭이요, 간소남과 태소녀가 완전 대칭이지요. 그래서 이를 음양대대지도陰陽對待之圖라고도 부릅니다. 둘째, 효爻를 보더라도 건태이진의 초효는 모두 양효이고, 손감간곤의 초효는 모두 음효로써 대칭을 이루고, 건태의 중효는 양효요 간곤의 중효는 음효

복희팔괘도

이며, 이진의 중효는 음효이고 손감의 중효는 양효로써 대칭을 이루며, 상효도 건태이진이 양음 양음으로 이루어져 있고 곤간감손이 음양 음양으로 이루어져 완전 대칭을 이루어 또한 태극의 모습을 이루고 있습니다. 셋째, 건곤을 중심으로 보면, 아버지한테는 딸들이 모여 있고, 어머니를 중심으로 해서는 아들들이 모여 있어요. 삼남괘는 곤坤인 어머니에게 뿌리를 박고서 양효가 하나씩이에요. 그 다음에 삼녀괘는 건乾인 아버지에다가 뿌리를 박고서 음효가 하나씩이에요. 건괘 주위에 딸들이 모여 있고 어머니 주위에 아들들이 모여 있는 모습이 양근어음陽根於陰하고 음근어양陰根於陽하는 태극의 모습입니다. 이러한 이치로 복희팔괘도를 태극팔괘도라고 부르는데 또한 음양괘도로 불러도 무방합니다.

우주원리가 그렇게 되어 있는 거죠. 아까 삼남 삼녀가 나오는 것을 설명드릴 때, 건곤이 결혼을 해가지고 삼남이 나올 때를 보면 양효가 밑에 있고, 중간에 있고, 꼭대기에 있습니다. 이럴 때 본체는 곤이에요. 곤이 건의 초효를 얻었느냐, 곤이 건의 가운데 효를 얻었느냐, 곤이 건의 꼭대기 효를 얻었으냐에 따라서 장남 중남 소남으로 나뉘어집니다. 그러니까 삼남은 어머니에다가 뿌리를 박고 나오는 거예요. 그리고 아버지인 건체를 바탕으로 장녀, 중녀, 소녀가 나오게 됩니다.

실지로 삼녀의 세 효는 하늘에다가 뿌리를 박았기 때문에 이중녀에 속하는 태양이 하늘에 떠서 비추고 있고, 또 불이라는 것은 하늘을 향해서 타올라 갑니다. 태소녀에 속하는 못이라는 것은 하늘과 맞닿아 있어요. 그리고 손장녀에 속하는 바람이라는 것은 하늘에서 땅으로 불어 내리게 됩니다. 하늘하고 전부 관련이 되어 있어요. 그런데 삼남괘는 곤에다가 뿌리를 박았기 때문에 진장남에 속하는 우레라는 것은 땅에서부터 위로 솟구쳐 올라갑니다. 간소남에 속하는 산은 땅에 뿌리를 박고 우뚝 솟아 있습니다. 그 다음에 감은 물인데, 물은 땅속에서 혹은 땅 위에서 흐르고 있습니다. 그러기 때문에 땅 주위에 모여 있어요. 그래서 복희팔괘도를 태극팔괘도라고 부르는 것입니다.

그리고 복희팔괘도를 가지고 태극을 그릴 수가 있어요. 복희팔괘도의 안에 원을 그리고 중간에 점을 찍은 다음 건乾의 자리와 원의 중심을 가지고 오른쪽으로 반원을 그리고, 곤坤의 자리와 원의 중심을 가지고 왼쪽으로 반원을 그리면 태극도가 완성이 됩니다. 곤은 음이 지극한 자리(음성陰盛)인데 여기서 양이 시생하여 진괘로 양이 하나 자라고(양시陽始), 이괘, 태괘로 양이 둘이 되고(양장陽長) 건괘에서 삼양이 되어 양이 극성한 모습(양성陽盛)을 나타냅니다. 양이 가장 극성한 건자리에서 음이 시생하여 손괘에서 일음一陰이 생하고(음시陰始), 감괘, 간괘에서 이음二陰이 되고(음장陰長), 곤괘에서 삼음三陰이 되어 음이 극성한 모습(음성陰盛)을 볼 수 있습니다.

복희팔괘도와 우리의 국기 태극기

우리 태극기를 보면 건괘가 좌상에 있고, 곤괘가 우하에 있고, 리괘가 좌하에 있고, 감괘가 우상에 있어요. 태극기가 지금 이렇게 되어 있죠. 우리 태극기는 복희팔괘도에서 나오게 된 겁니다. 그런데 태극기는 너무도 심오한 이치를 담고 있습니다. 흰 바탕에 그리는데, 흰 바탕은 하늘을 상징하고 광명을 상징하고 있는 겁니다. 흰색은 하늘을 상징하고 있다고 말씀 드렸잖아요. 거기에 건곤감리, 천지일월 사체가 자리잡고 있어요. 이 우주 속에서는 건곤감리가 변화를 일으키는

천리가 압축되어 있는 자랑스런 우리의 태극기

주체가 됩니다. 그리고 가운데 태극이 있어요. 태극이 만물 창조의 본체가 됨을 나타내고 있는 것입니다. 이상은 자연을 바탕으로 해석을 한 것이고요. 인사적으로 한번 해석을 해보고자 합니다.

흰 바탕이라는 것은 가을 세상을 상징하고 있어요. 가을 세상을 열기 위해서 건곤감리 사체 하느님께서 오신다는 거예요. 그리고 가운데가 태극인데, 우리나라가 태극국이에요. 남북으로 갈려 있잖아요. 이 태극국을 바탕으로 건곤감리 사체 하느님께서 오셔서 가을 세상을 여신다는 것입니다. 그러하기 때문에 우리나라 국기가 흰 바탕에 가운데 태극을 넣고 건곤감리 사체가 들어가 있다고 생각이 됩니다.

지금 진행되는 베이징 올림픽을 보면 각 나라 국기가 많이 나오지만 우리나라 국기처럼 이렇게 깊은 철학적인 의미를 담고 있는 국기는 없죠. 있을 수가 없죠. 전 세계 어떤 국기보다도 가장 가치 있고, 철학적인 의미가 함축되어 있는, 하느님의 뜻에 의해서 만들어진 국기가 바로 우리나라 태극기라고 얘기할 수가 있습니다.

우리나라 사람들은 정말 자부심과 자긍심을 갖고 살아야 돼요. 우리 민족은 정말로 이렇게 위대한 민족입니다. 그런 내용이 복희팔괘도에서 나오게 된 겁니다. 그래서 이 복희팔괘도를 다른 말로는 태극팔괘도라고 그래요. 태극의 모습이 그대로 담겨 있어요. 그리고 이제 태극이 양의兩儀를 생하기 때문에 양의괘도라고도 부를 수 있습니다. 숫자로 이야기 하면, 제가 방금 전에 팔수도, 구궁도, 십수도라는 얘기를 했지만, 복희팔괘도는 숫자의 처음과 끝을 취해 일팔역一八易이라고 부르고, 그다음 문왕팔괘도는 일구역一九易이라 부르고, 그러면 정역팔괘도는 일십역입니까? 일십역이라고 하지 않고 이것은 오십역五十易이라 합니다. 오, 십이 건곤에 배합되어 상하에 위치하고 있기 때문에 오십역이라고 그래요. 일팔역, 일구역, 오십역이라고 별명을 붙이기도 합니다.

복희팔괘도는 하늘은 위에 있고 땅은 아래에 있고, 해는 동쪽에서 뜨고 달은 서쪽에서 뜨고, 동남쪽에는 바다와 못이 많고 서북쪽에는 산이 많고, 그리고 이치적으로 양기운이 시생하는 동북쪽에는 우레가 있고, 음기운으로 수렴을 시작하는 손괘가 서남쪽에 있는 이런 모습이 담겨 있기 때문에 음양소장지도陰陽消長之道라고도 부릅니다. 음양이 소장하는 모습이 또한 태극의 모습이기 때문에 태극팔괘도는 음양소장지도가 되는 것입니다.

문왕팔괘도는 오행변화지도

반면 **문왕팔괘도는 오행변화지도**五行變化之道라고 그래요. 왜냐? 동방의 진목과 동남쪽의 손목이 목이 됩니다. 남방의 리離는 화火가 돼요. 다음으로 서남에 곤토가 있으니까 목생화 화생토가 됩니다. 그 다음에 태금과 건금이니까 토생금, 북방에 감수가 있으니까 금생수, 이렇게 해서 문왕팔괘도는 오행이 상생을 하면서 변화하는 모습을 나타내고 있어요. 그리고 안에서는 태금이 진목을 금극목하고, 건금이 손목을 금극목하며, 감수가 이화를 수극화하여, 안에서는 상극작용을 하고 바깥쪽에서는 상생작용을 하면서 여름철에 만물이 무질서와 혼란속에서 변화하고 발전하는 모습이 담겨 있어요.

문왕팔괘도에 담긴 비의

만물의 변화는 춘하추동을 주기로 변화합니다. 봄에 만물이 소생하고 여름에 자라고 가을에 열매맺고 겨울에 휴식을 취하는데, 이를 『주역』「설괘전」에서는 문왕팔괘도를 설명하면서 "제출호진帝出乎震하야 제호손齊乎巽하고 상견호리相

見乎離하고 치역호곤致役乎坤하고 열언호태說言乎兌하고 전호건戰乎乾하고 노호감勞乎坎하고 성언호간成言乎艮하니라"라고 하였습니다. 이는 "만물이 봄에 나와 입하立夏 때 가지런하게 되고, 여름에 모두 볼 수 있도록 드러나고, 입추立秋 때 결실하기 위해 노역勞役을 하고, 가을에 결실의 즐거움을 누리고, 입동立冬 때 찬바람을 맞으며 싸우고, 겨울에 위로慰勞를 받고, 입춘立春 때 하나의 주기를 매듭짓고 새 출발을 준비한다"는 뜻으로 해석할 수 있습니다. 이는 시간적으로 해석한 것인데 문왕팔괘도에 이분二分, 이지二至와 사립四立을 배합하면 진 춘분, 손 입하, 리 하지, 곤 입추, 태 추분, 건 입동, 감 동지, 간 입춘이 되어 사정방에 이분, 이지를 배합하고 사간방에 사립을 배합합니다. 그러나 원문을 공간적으로 해석하면 **제출호진帝出乎震**은 **상제上帝** 즉 하느님께서 인류를 구원하시기 위해 동방 땅에, 동방 역사의 주체민족에 강림하신다는 깊은 뜻이 들어 있습니다. 그리고 성언호간成言乎艮을 주역에서 풀

문왕팔괘도

어 설명하여 간艮은 동북방위에 위치한 괘로써 "만물지소성종이소성시야萬物之所成終而所成始也일새 고故로 왈성언호간曰成言乎艮이라" 하였습니다. 이는 **동북방에 위치한 우리 한국이 선천의 인류역사를 매듭짓고 후천의 새 역사를 개창한다는 비의**秘意가 됩니다. 시간적으로 입춘, 공간적으로 동북방은 이치적으로 성종성시成終成始를 이루는 곳이기 때문입니다.

그리고 문왕팔괘도에는 낙서의 수를 붙였기 때문에 우리가 낙서팔괘도라고도 별명을 합니다. 태극팔괘도, 그 다음이 낙서팔괘도, 그러면 정역팔괘도는 당연히 하도팔괘도가 됩니다. 어떤 사람들은 복희팔괘도를 하도팔괘도라고 설명하는 사람이 아주 많은데 그것은 잘못된 것입니다.

복희팔괘도는 숫자가 여덟 수밖에 없는데, 어떻게 하도의 십 수가 들어갈 수 있겠습니까? 십 수가 들어가는 하도팔괘도는 당연히 정역팔괘도가 되어야 합니다. 후천 가을 세상은 하도의 시대이면서 금화교역된 정역팔괘도의 세상입니다.

복희팔괘도는 문왕팔괘도를 향해 나아감

이 복희팔괘도는 봄의 괘도 아닙니까? 봄은 여름을 준비하고 있어요. 그러면 이 복희팔괘도 속에는 여름을 준비하는 모습이 그대로 들어가 있어야 합니다. 음양이 결합하면 자식이 나오듯이 이 팔수도는 마주보고 있는 음양의 숫자를 더하면 모두 9가 되어 구궁도를 지향하는 모습이 있습니다. 상하의 1건乾 8곤坤을 더해도 9가 되고, 2태兌 7간艮을 더해도 9가 되고, 3리離 6감坎을 더해도 9가 되고, 4진震 5손巽을 더해도 9가 되고 모두 9가 나와요. 그러니까 마주보고 있는 둘이 결혼을 해서 자식을 낳았다고 할 때, 그것이 모두 9가 된다는 것은 구수도를 지향하고 있는 것으로 구궁도인 문왕팔괘도를 지향하고 있는 모습이 안에 들어 있습니다.

복희팔괘도에서 마주하는 효를 더해볼까요? 건의 3효와 곤의 6효를 더해도 9가 되고, 태의 4효와 간의 5효를 더해도 9가 되고, 리의 4효와 감의 5효를 더해도 9가 되고, 진의 5효와 손의 4효를 더해도 9가 나와 역시 구궁도를 지향하는 모습이 있습니다. 또 양효를 3, 음효를 2로 하여 계산해 보면 건9+곤6=15, 태8+간7=15, 리8+감7=15, 손8+진7=15가 되어 하도의 5·10에 뿌리를 두고 만물이 창조되어 나온 모습을 보이고 있습니다.

문왕팔괘도는 정역팔괘도를 지향함

그리고 1에서 8까지를 더하면 36이에요. 이 36은 45를 향해서 나아가는 모습이 있는 거예요. 그리고 45는 55를 향해서 나아가는 모습이 있는 거예요. 그래서 36의 복희팔괘도는 45의 문왕팔괘도를 지향하고, 45의 문왕팔괘도는 55의 정역팔괘도를 지향하고 있는 겁니다.

문왕팔괘도는 정역팔괘도를 지향하고 있어요. 여름은 가을을 지향하고 있는 것입니다. 가운데 있는 5를 빼버리고 마주보고 있는 것을 더하면 모두 10이 됩니다. 왜? 낙서수를 그대로 적어놨으니까요. 그래서 문왕팔괘도는 10수 팔괘도이며 하도팔괘도인 정역괘도, 즉 김일부 선생이 그렸기 때문에 일부괘도一夫卦圖라고도 하는 정역팔괘도를 지향하고 있는 것입니다. 또한 문왕팔괘도의 건곤의 위치를 보면 비록 서북과 서남에 치우쳐 있지만 지천태를 이루어 정남북에서 지천태를 이룬 정역팔괘도를 지향하는 뜻이 내포되어 있습니다.

복희팔괘도는 창조도

그리고 복희팔괘도에서 동방에 이괘가 있는 것은 모든 문명의 시작은 동방으로부터 시작한다는 그런 뜻도 들어 있는 것입니다.

그리고 복희팔괘도는 만물을 창조하는 모습을 담고 있는데 제일 먼저 첫 번째로 머리가 나와요. 뱃속에서 애기가 나올 때 뭐가 제일 먼저 나와요? 머리가 나오지요. 그래서 머리에 해당하는 건에 1수를 붙이는 것입니다. 그 다음에 제일 끝에 배가 나오면 다 나오는 거거든요. 그래서 제일 끝에 나오는 배에 해당하는 곤에 8수를 붙입니다. 그러면 그 사이에 나오는 것이 눈, 귀, 코, 입인데 눈과 귀는 감리에 해당되고 입과 코는 간태에 해당합니다. 코를 우리가 간괘에 배합하는데 코하고 입은 서로 통해 있어요. 복희팔괘의 작용을 『주역』「설괘전」에서 "천지정위天地正位에 산택통기山澤通氣하며, 뇌풍상박雷風相

정역 팔괘도

薄하며, 수화불상석水火不相射이라" 했는데, 산택통기라는 것은 인체에서 콧구멍하고 입에 있는 입구멍하고 서로 통해 있는 것을 산택통기라고 합니다. 산택통기가 자연에서는 못에 있는 물, 바닷물이 증발해서 산에 올라가 구름이 되었다가 그 구름이 비가 되어 산에서 내리면 그 물이 흘러서 다시 바다로 흘러가요. 이것을 산택통기라고 하는데 입과 코가 통해 있는 모습도 산택통기라고 합니다.

삼역괘도 상설

무극, 태극, 황극의 3극원리와 3역괘도를 배합하여 설명드리면, 복희팔괘도라는 것은 일태극을 중심으로 만물을 창조하는 원리를 나타내고, 문왕팔괘도는 오황극을 중심으로 만물이 발전하는 원리를 나타내고, 정역팔괘도는 10무극을 바탕으로 만물이 통일하고 성숙하는 원리를 나타내고 있어요. 그래서 복희팔괘도는 창조도라고도 하죠. 만물이 생길 때는 제일 먼저 머리부터 나오죠. 머리가 나오고 그 다음에 감리, 간태, 진손이 나오는데, 진손이 발하고 넓적다리잖아요. 그 다음에 마지막으로 배가 나와서 생하는 순서를 이루게 됩니다.

만물이 시작되는 건 하늘에서부터 시작합니다. 하늘이 중심이 되어가지고 만물을 창조하고, 만물을 창조할 때는 정음정양을 이루면서 시작합니다. 그래서 복희팔괘도에서 건괘에 1수를 붙여 창조의 시작을 나타내고 또 복희팔괘도가 정음정양으로 되어 있는 것입니다.

만물이 생겨난 뒤에는 자라게 됩니다. 자랄 때는 혼란과 무질서가 동반됩니다. 전부 제각각이 되어 가족도 아침밥은 모여서 함께 먹지만 일을 보기 위해서 대낮이 되면 아버지는 직장으로 가고, 어머니는 시장으로 가고, 애들은 학교로 가고, 전부 흩어져 볼일을 보러 갑니다. 기준이 되는 이중녀와 감중남만이 중심을 잡고 있고, 나머지는 전부 흐트러져 있어 음양이 부조화를 이루게 됩니다. 예를 들어서 문왕팔괘도에서 마주 보는 것을 보면 간소남과 곤모, 진장남과 태소녀, 그 다음에 건부와 손장녀가 마주보고 있어 음양이 부조화 되어 있는 모습을 나타내고, 어머니는 서남방으로 아버지는 서북방으로 쫓겨가서 자식들이 효도도 안 하고 인륜이 파괴된 난륜亂倫의 모습과 상도가 어그러진 패상悖常의 모습을 나타내고 있는데 이것이 문왕팔괘도의 모습입니다.

그 다음 정역팔괘도는 가을 세상이 되어 만유생명의 부모님인 건곤이 정중앙에 딱 자리 잡아요. 지천태괘를 이루면서 부모님이 자리를 잡고, 봄에 주도적 역할을 하던 진장남과 손장녀, 여름에 주도적인 작용을 하던 이중녀와 감중남이 아버지와 어머니의 좌우에서 자리를 잡습니다. 어머니를 중심으로 좌우에 손장녀와 이중녀가 자리잡아 효도를 하고 보필을 하고 있으며, 아버지의 주위에는 감중남과 진장남이 자리잡아 옆에서 효도를 하고 있어요. 그 다음에 **간소남과 태소녀가 다 커가지고 정동과 정서에 자리를 잡아 3·8용정**用政**, 간태합덕을 해서 소남과 소녀가 가을 세상에서 주도적인 역할을 하는 모습**을 나타냅니다.

복희팔괘도에서는 건부와 태소녀가 붙어 있어요. 그리고 문왕팔괘도에서도 건부와 태소녀가 붙어 있어요. 복희팔괘 차서도에서도 일건천 이태택이 붙어 있었어요. 그래서 상제님께서 이 땅에 오셔가지고 9년 천지공사를 보실 때 떨어지지 않고 가장 가까이 있었고, 상제님을 수종한 성도가 김호연 성도가 되는 거예요. 김호연 성도는 태소녀입니다. 막내 딸을 가장 가까이 하신 거예요. 그리고 문왕팔괘도에서 정서방에 태소녀가 있어요. 그리고 정역 팔괘도의 정서방에도 태소녀가 있어요. 서방은 가을입니다. 그래서 김호연 성도는 후천 오만 년 동안 태소녀 자리에서 칠성 도수를 여는 주인공이 되는 것입니다. **낙서의 정서방에 7이 있는 것이 바로 칠성도수**입니다.

문왕팔괘도에서 태괘에 7수를 붙이잖아요. 가을 세상을 여시기 위해서 상제님께서 김호연 성도 태소녀를 그렇게 가까이 했던 겁니다. 그리고 결국은 김형렬 성도와 부부의 인연을 맺어주는데, 문왕팔괘도를 보면 김호연 성도가 태소녀로서 서방에 자리잡고 마주보는 동방에 진장남이 자리잡고 있는데, 『도전』에서 진장남에 해당하는 큰아들은 누구라고 하셨습니까? 김형렬 성도죠. 상제님이 그렇게 말씀하셨잖아요. 그래서 상제님께서 천지 법도에 의해서 김호연 성도를 35살의 차이가 나는 김형렬 성도와 맺어주게 되는 것입니다. 김형렬 성도는 1862년 임술생이고 김호연 성도는 1897년 정유생으로 35살의 차이가 나지만 두 분이 부부의 인연을 맺었던 것은 우주원리에 의해서 이루어졌던 것입니다. 『도전』 10편 37장에서 "호연아, 인제 태운장이 네 연분이다." 하신 말씀이 바로 이 뜻입니다.

삼역괘도의 수지상

그 다음에 수지상, 손가락을 가지고 3역괘도의 이치를 파악하는 것에 대해서 말씀을 드리겠습니다. 이 수지상은 좀 어려워요. 어려우면서도 이게 재미있어요.

우리가 손을 가지고 손도수를 따질 때는 왼손만 써요. 오른손은 안 써요. 우리가 왼쪽 오른쪽을 한자로 쓰면 좌左 우右가 되는데, 이를 왼손 오른손으로 생각하면 오른손에는 입 구口 자가 있으니까 밥 먹는 손이 되고, 왼손에는 공부할 공工 자가 있으니까 공부하는 손이 됩니다. 그래서 손도수를 따질 때는 왼손만 써요.

복희팔괘도의 수지상

복희팔괘도의 수지상을 보면 복희팔괘도는 만물이 시생하는 모습을 나타내고, 방금 시생된 만물은 어리기 때문에 성숙한 모습을 나타내는 엄지는 제외하여 굽혀서 사용하지 않습니다. 굽히고 나서 둘째 손가락부터 구부리며 일건천, 한번 해보세요. 일건천, 이태택, 삼리화, 사진뢰까지 즉 새

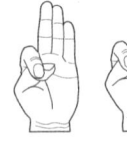     

일건천   이태택   삼리화   사진뢰   오손풍   육감수   칠간산   팔곤지

끼 손가락까지 구부리고, 오손풍, 육감수, 칠간산, 팔곤지 하면서 집게손가락(식지)까지를 펴면 팔곤지가 됩니다. 그러면 이것이 뭐가 딱 들어 맞느냐 하면, 일과 팔(식지)이 합하고, 이와 칠(중지)이 합하고, 삼과 육(무명지)이 합하고, 사와 오(소지)가 합해요. 검지 손가락(집게손가락)을 굽히면서 일건천 했는데, 방금 펴면서 팔곤지 했잖아요. 일과 팔을 더하면 구가 되지요. 중지(가운데손가락)를 이태택하고 구부렸잖아요. 그런데 펼 때는 이것이 칠간산이 되어서 이 가운데 손가락에 이태택과 칠간산이 다 들어있어요. 역시 더하면 9가 됩니다. 네 번째 손가락을 구부리며 우리가 삼리화라고 했는데, 무명지를 펼 때는 뭐가 돼요? 육감수가 돼요. 그러니까 삼과 육이 함께 들어있어요. 그리고 합하면 9가 되잖아요. 소지(새끼손가락)를 구부리며 사진뢰라고 했는데 새끼손가락을 펴면서 오손풍 해요. 그러면 사와 오가 한 손가락의 운동 속에 들어 있고 더하면 9가 됩니다. 그러니까 복희팔괘에서 마주보고 있는 것들이 한 손가락에 다 들어가요. 그렇죠? 이렇게 해서 묘미가 있으며 9도수를 향해 나아가는 의미가 담겨 있습니다.

문왕팔괘도의 수지상

문왕팔괘도의 손도수를 살펴보면 엄지손가락을 구부리면서 일감一坎하면 전체 손가락의 모습이 일감의 상이면서 구리九離의 상이 됩니다. 그리고 검지를 구부리며 2곤하면 동시에 8간의 모습이 되고, 중지를 구부리며 3진하면 동시에 7태의 모습이 되고, 무명지를 구부리며 4손하면 동시에 6건의 모습이 되며, 소지를 구부리며 5중하면 짝이 없이 홀로 5중의 모습이 됩니다. 그리고 6건하면서 새끼손가락을 펴면 동시에 이게 4손의 모습이 되고, 무명지를 펴며 7태하면 동시에 3진의 모습이 되고, 중지를 펴며 8간하면 동시에 2곤의 모습이 되고, 식지를 펴며 9리 하면 동시에 1감의 모습이 되어 일과 구, 이와 팔, 삼과 칠, 그리고 사와 육이 다 마주보고 있는 모습이 됩니다. 그래서 1감, 2곤, 3진, 4손, 5중, 6건, 7태, 8간, 9리가 됩니다. 그러니까 1감 했는데 9리의 상이에요. 1감과 9리가 합하면 10이 돼요. 2곤 했는데 이게 8간의 모습이에요. 이것을 더해도 10이 됩니다. 나머지도 같습니다. 이게 낙서의 수지상이면서 또한 문왕팔괘도의 수지상이 되며 10수도를 향해 나아가는 모습이 들어 있습니다.

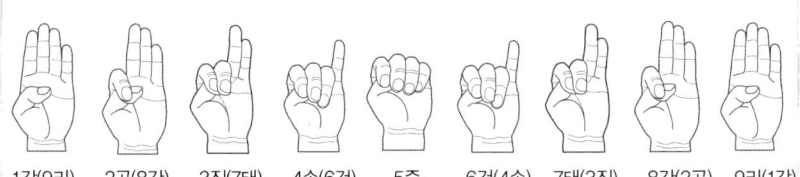

1감(9리) 2곤(8간) 3진(7태) 4손(6건) 5중 6건(4손) 7태(3진) 8간(2곤) 9리(1감)

정역팔괘도의 수지상

정역팔괘도의 수지상을 살펴보겠습니다. 정역팔괘도의 수지상은 팔괘도가 팔부터 시작을 하잖아요. 다시 말해 복희팔괘도의 팔수도부터 시작을 하잖아요. 팔, 구, 십으로 나갔잖아요. 그러기 때문에 엄지손가락을 8로부터 시작을 해요. 또는 정역팔괘도에서 제일 핵심되는 괘가 뭐냐 하면 팔간괘이거든요. 정역팔괘도의 중심괘는 간괘에요. 선천역사를 매듭짓고 후천의 신문명을 여는 성소가 간방이 되잖아요. 주역에서 간에서 성종성시成終成始한다고 그랬잖아요. 그러니까 엄지손가락을 처음 구부리면 이것이 뭐겠어요? 팔간이 됩니다.

그리고는 순서대로 식지를 구부리며 9리, 중지를 구부리며 10건, 무명지(넷째 손가락)를 구부리며 1손, 그리고 소지(다섯째 손가락)를 구부리며 2천, 또 소지를 펴면서 3태, 무명지를 펴면서 4감, 중지를 펴면서 5곤, 식지를 펴면서 6진, 엄지를 펴면서 7지라고 합니다.

手指象	1	2	3	4	5	6	7	8	9	10
正易卦	八艮	九離	十乾	一巽	二天	三兌	四坎	五坤	六震	七地

그런데 이게 굉장히 재밌어요. 여기에 엄청난 우주의 이치가 다 들어있어요. 정역팔괘도는 간괘에서부터 시작하기 때문에 첫 번째 엄지손가락을 구부리면서 간괘를 배합하는데 후천에 으뜸을 상징하는 엄지손가락이 어디가 돼요? 간방에 속하는 우리나라가 되겠죠. 그래서 엄지를 꼽는데 이 엄지의 모습이 산의 모습이에요. 엄지 뒷부분이 산처럼 불쑥 튀어 나왔잖아요. 그러니까 산의 모습이 됩니다.

그런데 산 위에는 뭐가 있느냐 하면, 해가 떠 있어요. 그래서 식지의 9리로 이어집니다. 해는 어디에 떠 있어요? 하늘에 떠 있어요. 그래서 중지의 10건으로 이어집니다. 산에 해가 떠 있고, 더 높은 곳에 하늘이 있어요. 10건이죠. 그 다음에 1손으로 가요. 하늘에서는 바람이 아래로 불어 내려와요. 소지의 2천은 이 바람이 하늘에서 불어 내려온다는 것을 얘기해 주고 있어요. 그 다음에 3태, 바람이 계속 불어 내려와서 가장 아래가 어디냐 하면 제일 아래 있는 못이에요. 또 하늘과 인접하고 맞닿아 있는 것이 못이 됩니다. 그래서 새끼손가락을 펴면서 3태라고 이야기해요. 그 다음에 못에 물이 차면 흘러가야 해요. 4감이 되고 물은 어디에서 흐르냐 하면 땅 위에서 흐르기 때문에 5곤, 그 다음에 물이 흘러가다 보면 다시 증발해서 올라가야 돼요. 그러면 올라가는 것이 6진이 되어 식지를 펴면서 6진이 되고 올라가는 바탕은 어디냐 하면 땅에서 올라가요. 그래서 엄지를 펴면서 7지가 되는데 한 손가락에 있는 숫자를 더하면 전부 15 또는 5가 나와요.

8간과 7지를 더하면 15가 돼요. 9리와 6진을 더해도 15가 돼요. 중지의 10건과 5곤을 더해도 15가 돼요. 그 다음 무명지의 합은 5가 돼요. 1손과 4감을 더하면 5가 되고 소지의 2천과 3태를 더해도 5가 됩니다. 그리고 양효를 3, 음효를 2로 계산하여 마주보는 괘를 더해보면 건9+곤6=15, 손8+진7=15, 리8+감7=15, 태8+간7=15가 됩니다. 15가 된다는 것은 후천에는 10토의 상제님과 5토의 태모님, 즉 천지부모님의 모습이 천지간에 가득 드러난다는 의미가 있습니다. 또 선천에는 드러나지 않았지만 후천이 되면 도체道體, 즉 도의 본체가 다 드러나게 된다는 것입니다. 또 우리가 엄지

8간　9리　10건　1손　2천　3태　4감　5곤　6진　7지

손가락을 펴면서 칠지라고 했는데, 구부리면서 팔간이라고 그랬어요. 이것은 산은 땅에다가 뿌리를 박아 놓고 솟아있다는 것을 상징하고 있어요. 복희팔괘도에서 북쪽의 곤괘 옆 서북쪽에 간괘가 있는 이치와 같습니다. 새끼손가락을 구부리면서 2천 하는데 이걸 펴면서 3태라고 하거든요. 하늘과 못이 맞닿아 있는 것을 나타냅니다. 하늘과 못은 맞닿아 있거든요. 그래서 복희팔괘도에서 남쪽의 건괘 옆 동남쪽에 태괘가 있는 것입니다.

정역팔괘도는 금화교역도

그러면 이제 정역팔괘에 대해서만 집중적으로 조금 더 살펴보고서 마무리를 짓겠습니다. 정역팔괘도는 우리가 금화교역도金火交易圖라고 이야기합니다. 정역팔괘도는 금화가 교역된 모습을 나타내고 있어요. 그러면 금화가 교역된 모습을 살펴보겠습니다.

동북에 4감이 있고 정동에 8간이 있는데요. 우리가 숫자를 가지고 이야기하면 4라는 것은 금金이고, 8이라는 것은 목木이에요. 그러니까 목木 속에는 금金이 들어 있고, 금金 속에는 목木이 들어 있는데, 재미있는 것은 나무 목木 자가 4획으로 이루어져 있고, 쇠 금金 자는 여덟 획으로 이루어져 금목이 호근互根하는 모습이 들어 있습니다. 그러니까 목木은 금金에다가 뿌리를 박고 나온다는 거예요. 그리고 금金에 속하는 가을에 통일을 해보면 그것이 목木 기운이라는 거예요. 그러니까 여기서도 8목木이 나올 때 4금金에다가 뿌리를 박고서 나오게 됩니다. 금金에다가 뿌리를 박고 목木이 나왔다는 것은 봄은 금화교역을 준비하고 있다는 거예요. 봄에 만물이 화생될 때부터 생명이 완성되고 통일되는 금화교역을 전제로 하고 있다는 것입니다.

그 다음에 서남방과 서방을 보면 리離는 9가 되고 태兌는 3이 되는데 9가 3을 완전히 싸고 있어요. 9는 금金이고 3은 목木인데 금金이 목木을 완전히 포위하고 있는 모습은 금화교역이 완성되어 있는 모습이에요. 봄에는 금화교역을 준비하고 가을에는 금화교역이 완성되어 있는 모습이에요. 동남방과 남방은 1수에다가 뿌리를 박고 7화가 분열하고 있는 모습이에요. 이 7화는 1수의 견제를 받고 있어요. 그리고 그 사이에 5토가 작용하고 있습니다. 1수가 7화로 발전하는데 5토의 다리를 통해 발전을 하는 모습입니다. 그러니까 음陰에다가 뿌리를 박고 양陽이 발전하기 때문에 이것도 금화교역을 상징하고 있어요. 금화교역의 모습이 들어 있어요.

서북방과 북방은 6수가 2화를 완전히 싸고 있어요. 이것은 금화교역이 완성된 모습인데 그때 10토가 중간에서 작용을 하고 있는 모습이죠. 그리고 전체적으로는 2·7화火가 속에 들어가 있어 불이 땅속에 스며들어가 있는 모습이에요. 2·7화火가 속에 들어가 있잖아요. 그래서 정역괘도를 우리가 금화교역도라고 얘기를 하고 있습니다. 정역팔괘도 속에는 금화교역의 모습이 다 들어있습니다. 그리고 이제 마주보고 있는 것이 전부 상생을 해요. 5곤토가 10건금을 생해 토생금하고 있고, 간토가 태금을 생해 역시 토생금하고 있습니다.

정역팔괘도는 지축이 정립된 모습

문왕팔괘도에서는 간이 동북에 있고, 곤토가 서남에 있어 우주의 중심인 토±가 기울어져 지축이 기울어져 있는 모습을 나타내고 있어요. 그런데 정역팔괘도에서는 천지가 바로 잡힌 모습이 들어 있어요. 지축이 서 있는 모습을 나타내고 있어요.『우주변화의 원리』를 보면 문왕팔괘도는 지축이 기울어져 있는 모습이고, 정역팔괘도는 지축이 서 있는 모습이라고 하면서 두 괘를 비교 설명하고 있습니다. 지축이 서면 문왕도의 서북쪽에 있던 건이 정역도의 정북으로 오게 되고, 문왕도의 감괘가 정역도에서 동북으로 가고, 문왕도의 간괘가 정역도의 정동으로 가게 됩니다. 그렇게 설명이 되어 있죠. 지축이 서면서 이 문왕팔괘에 있던 것이 한 칸씩 이동해 갑니다. 다시 말해 문왕도의 건감간乾坎艮이 한 칸씩 좌측으로 이동합니다.

그러면 문왕도의 진괘가 정역도에서 동남에 자리 잡아야 하는데, 이 진괘가 동남쪽으로 가면 양목이 음목으로 바뀌게 돼요. 우리가 갑을을 목木이라고 할 때, 갑甲은 양목이고 을乙은 음목이거든요. 그래서 동남방으로 진震이 가면 자연 음목이 되어 손巽괘로 바뀌게 됩니다. 문왕도에는 동남에 손巽이 있었는데 정남으로 가면 손巽의 목木이 여기에 있을 수가 없어요. 장녀가 더 자라면 시집가서 어머니가 되듯이 곤괘로 바뀌어야 됩니다. 이렇게 지축이 서면서 하나하나 바뀌어가는 모습도 살펴볼 수 있습니다.

정역팔괘도에 나타난 금화교역의 모습

그리고 금화교역의 전체적인 틀을 한번 설명하고 정역팔괘도에 대한 설명을 끝내고자 합니다. 정역팔괘도에서 우리가 금화교역의 모습을 얼마나 많이 찾아낼 수 있느냐 하는 문제입니다.

첫째로 상하로 나눠보면요. 아래는 전부 음방이에요. 음방인데 전부 양괘가 있어요. 간소남, 감중남, 건부, 진장남. 이 음 속에 양이 전부 자리를 잡고 있는 모습으로서 금화교역이 된 모습입니다. 그리고 건, 진, 감, 간괘는 전부 양인데, 이 양에 전부 음수가 붙어 있어요. 이 정역팔괘도에 숫자를 붙일 때는 양괘에는 음수를 붙여요. 그래서 간소남이 양괘인데 8이라는 음수를 붙였고, 감중남이 양괘인데 4라는 음수를 붙였고, 건은 아버지인데 10수를 붙였고 진장남이 양괘인데 6수를 붙였어요. 그래서 이 양을 음이 싸고 있는 모습이에요. 그래서 금화교역이 완성되어 있는 모습을 나타냅니다.

남쪽은 금화교역을 준비하고 있는 모습이에요. 동남방에 손괘가 있고 1을 배합합니다. 또 곤괘는 5가 되고 리괘는 9가 되고 태괘는 3이 됩니다. 음괘가 양방에 자리하고 있어요. 양방에서 음괘의 음이 양을 싸려고 하는 모습이 들어 있어요. 1과 5와 7과 9와 3이 전부 양인데, 손, 곤, 리, 태, 네 괘의 음陰이 양陽을 싸려는 모습을 나타내고 있습니다. 금화교역을 준비하고 있어요.

그리고 이 정역팔괘도는 정말 천지의 이상이 실현된 정음정양의 모습을 나타내고 있습니다. 간소남과 태소녀가 정음정양을 이루고, 손장녀와 진장남이 정음정양을 이루고 이중녀와 감중남이 정음정양을 이루고 건부과 곤모가 정음정양을 이루고 있습니다. 그리고 하나하나의 괘를 보더라도 손巽괘는 음인데 1수를 붙여서 정음정양을 이루고, 곤坤은 음인데 5가 양으로서 정음정양을 이루고, 리離가 이중녀인데 9수를 붙여서 정음정양을 이루고 등등 전부 정음정양의 모습을 이루고 있습니다. **양괘에 음수를 붙이고 음괘에 양수를 붙인 이유는 양체음용陽體陰用과 음체양용陰體陽用의 의미가 내포되어 있습니다.** 그리고 큰 틀은 건부와 곤모가 정중앙에서 지천태를 이루면서 소남소녀인 8간과 3태가 동서에서 작용을 해서 건곤은 체體가 되고, 간태는 용用이 되어 후천 시대가 되면 간방의 한국과 태방의 미국이 동서에서 주축국主軸國 즉, 중심이 되는 나라가 되어가지고 8+3=11이 되어 11성도를 이루는 모습을 나타내고 있습니다. 11성도라는 것은 10무극의 이상이 1태극으로 통일된 모습으로 천지창조의 목적, 우주 순환의 목적이 이루어진 것을 나타냅니다. 그 11성도를 이루기 위해서 후천 오만 년 동안 도를 닦는 거죠. 후천은 도를 닦으면서 완전한 성숙을 이루기 위해서 나아가는 과정이라고 말씀을 드릴 수가 있습니다. 이외에도 정역팔괘도에 들어 있는 금화교역의 모습을 살펴보면 ①

유일하게 10이 있어 생명을 통일하고, ② 괘획이 중심을 향하고 있으며, ③ 2·7화가 중심에 자리잡고 있고, ④ 5·10 토가 정남북에 자리잡아 지축이 정립된 모습이며, ⑤ 동서의 괘가 택산함澤山咸을 이루는 것 등입니다. **3역괘도는 단순히 봄, 여름, 가을의 천도의 변화질서만을 이야기하는 것이 아니라 인류 문명사의 큰 틀을 설명할 수 있는 그림이기도 한** 것입니다. 3역괘도에 대해서 여기까지 설명을 드리고 마치도록 하겠습니다. 감사합니다.

에필로그

증산 상제님께서는 태호복희씨를 인류문명의 뿌리라고 말씀해주셨다. 복희씨의 업적은 십여 가지로 나열이 되지만 가장 핵심이 되는 것은 하도를 받아 음양오행의 원리를 밝히고 팔괘를 그려 주역으로 우주변화의 이치를 밝힌 것이다. 우리가 도의 세계를 공부할 때 이법理法을 우선시해야 하는가 아니면 심법心法의 세계를 우선해야 하는가 하는 의문을 품게 된다. 그런데 문명의 아버지되시는 복희씨께서 인류에게 먼저 가르치신 것이 이법이다. 이법은 자연섭리에 바탕을 두고 있고 자연섭리는 음양오행의 원리로 전개된다. 복희씨가 그린 하도는 음양 오행원리를 압축해놓은 그림이다. 진리의 원형이 되는 것이다. 많은 사람들이 음양오행의 원리를 이야기하면 어렵다고 한다. 그러나 쉽게 생각하면 너무도 쉬운 것이다. 우리가 이제까지 살면서 경험한 세계가 음양오행의 원리에서 벗어나지 않기 때문이다.

또한 이는 극미의 세계에서부터 극대의 세계까지를 아우르는 보편적인 진리이다. 시간의 세계, 공간의 세계, 하늘의 변화, 땅의 변화, 인간의 변화, 더 나아가 인류의 과거 현재 미래까지를 모두 설명할 수 있는 만능키이다.

 인간 지혜의 축적이며 결정체인 서양철학도 위대하지만 시공간과 천지인을 단 하나의 원리로 꿰뚫어 설명할 수 있는 이론이 서양철학에는 없다.

 철학이 인간의 삶과 괴리되어서는 안 된다. 인간의 미래를 밝혀주는 지침이 되고 나의 삶의 좌표가 되어야 한다. 지금 우리가 살고 있는 이 시대는 가을 개벽기이다. 129,600년으로 순환하는 우주 1년 속에서 우주의 봄, 여름철인 선천의 상극시대가 끝나고 가을철인 후천의 상생시대로 진입하려고 하는 인류역사의 대전환기이다. 여름은 화火의 시대요 가을은 금金의 시대이다. 여름과 가을이 바뀔 때 화극금火克金하여 상극 속에서 개벽이 일어난다. 이를 주역에서는 택화혁澤火革으로 설명하는데 천지의 틀이 근본적으로 바뀌는 천도혁명天道革命의 시간대이다. 천지 속에서 살아가는 인간은 어떻게 이 시간대를 슬기롭게 극복하고 대처할 것인가?

화생토火生土 토생금土生金 하는 상생의 길이 있다. 토土의 길을 찾아야 한다. 토의 진리를 만나야 한다. 증산 상제님께서는 1871년 신미년에 이 땅에 강세하셨다. 미未는 10토이다. 미토는 선천 목화木火의 기운을 후천 금수金水의 과정으로 순조롭게 넘어갈 수 있도록 다리를 놓아주는 상생을 매개하는 토이다.

우주변화의 원리, 음양오행을 공부하는 궁극의 목표는 이번 개벽기에 나의 생명을 구원하는 일이다. 진리가 나의 생명을 구원하는 것이다. 저자가 하도, 낙서에 있는 음양오행의 원리와 팔괘 및 복희팔괘도, 문왕팔괘도, 정역팔괘도를 설명한 결론이 이러한 진리를 통해 천지변화의 대세와 틀을 꿰뚫어 보고 본인의 삶의 방향을 새롭게 정립하기를 바라는 것이다.

하도, 낙서와 삼역괘도를 통해서 우리는 문명전환의 기틀과 선후천 변화의 질서를 읽어 낼 수가 있다. 후천은 가을이 열리는 것이다. 가을이 되면 모든 것이 뿌리로 돌아간다. 이제 모든 인류는 진리의 근원이며 뿌리 진리가 되는 문명의 아버지 복희씨가 최초로 인류를 가르친 음양오행의 이치를 배워야 한다. 그 정수가 하도, 낙서, 팔괘에 모두 담겨져 있다. 볼테르는 "철학의 가장 중요한 두 가지 목적은 진실을 발견하는 것과 옳은 일을 실천하는 것"이라고 했다

이 책이 단순히 지적 욕구를 충족시키는 차원에서 머물지 않고 대도의 길과 실천으로 안내하는 지침서가 되기를 간절히 바라면서 상제님의 말씀으로 매듭을 짓는다.

"대인을 배우는 자는 천지의 마음을 나의 심법으로 삼고 음양이 사시로 순환하는 이치를 체득하여 천지의 화육에 나아가느니라." (도전 4:95:11)

동서양의 우주론, 인간론, 심성론, 종교론 등 도학사상의 결정판

출간 후 30여 년간 동양학 및 한의학계 최고의 베스트셀러!!

宇宙 變化의 原理

" 우주정신과 역사정신, 도통의 연원이 새롭게 드러나고,
『주역』『황제내경』『정역』이 담고 있는 동양정신의 진수가
이 책 한 권으로 모두 밝혀진다. "

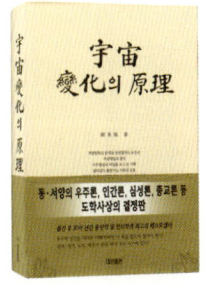

한동석 저/ 신국판/ 하드커버/ 462쪽/
대원출판/ 15,000원

"우주는 어떻게 움직이며, 인간과 만물은 어떻게 그 속에서 변화하면서 생멸하는가? 오늘의 철학은 우주의 본체와 변화를 탐색하는 능력을 거의 상실하고 다만 피상적 개념에만 집착하여, 철학 본연의 임무인 신비개발의 임무를 단념하게 되었다. 그러나 인간의 의욕은 정신이나 생명의 생멸같은 막중한 명제를 신비의 창고 속에 넣어두고 좌시할 수는 없었다. 이러한 가운데 인간의 반발이 드디어 신비에 대한 도전으로 나타났다.

그러나 의욕이 신비개발의 완수는 아니다. 그러나 그 탐구욕은 신비개발의 수단이며 방법인 우주운행의 법칙을 발견하였는데 이것이 바로 음양오행의 법칙이다.

음양오행의 법칙이란 우주의 변화법칙이며 만물의 생사법칙이며 정신의 생성법칙이므로 우주의 모든 변화가 이 법칙 밖에서 일어날 수는 없다. 그러므로 필자는 이 원리를 '우주변화의 원리' 라고 명명하였다." (본문 중에서)

〈주요내용〉

서양철학의 세계관과 동양철학의 우주관 / 음양오행과 오운육기 / 상(象)과 수(數) / 우주는 어떻게 변화하는가? / 인간의 본질과 모순 / 우주정신과 인간정신의 생성과 본체 / 우주의 본체는 무엇인가?

대원출판 TEL (02)425-5315 FAX (02)424-1607 홈페이지 www.daewonbooks.com

온 인류에게 후천 5만년 조화선경의 꿈을 열어주는
한민족의 문화원전 도전

서구에 신약이 있고
인도에 베다와 불경이 있고
중국에 사서오경이 있다면
이제 온 인류에게는 『道典』 문화가 있습니다

초기 기록으로부터 100년 만에 드디어 완간본 출간!

하늘땅이 함께하는 진정한 성공의 비밀을 알고 싶습니까?
세계를 지도하는 한민족의 영광을 만나고 싶습니까?
마침내, 가을개벽을 맞이하는
세계 역사 전개의 청사진을 보고 싶습니까?
상생의 새 진리 원전 말씀, 『도전』을 읽어 보세요
이 한권의 책 속에 세계일가 시대를 여는
놀라운 상생 문화의 비전이 담겨 있습니다.

『도전』에는 후천가을의 새 문화 곧 정치·종교·역사·과학·여성·어린이 문화 등 미래 신문명의 총체적인 내용이 모두 함축되어 있습니다. 서양 문명의 중심이 신약 한권에서 비롯되었듯이, 후천 5만년 상생의 새 역사는 이 『도전』 한 권으로 열립니다.

『도전』 읽기 범국민 운동 이제 당신도 참여할 수 있습니다

전국 주요 서점, 케이블TV, STB상생방송,
www.jsd.or.kr (증산도 공식 홈페이지)에서
『도전』을 만나보세요

甑山道
道典

증산도 도전편찬위원회 편찬 | 최고급 양장 | 상생출판